U0148719

論語疑義探釋

作者自署

文史哲學集成

汪淳著

論語疑義探釋

文史哲出版社印行

國家圖書館出版品預行編目資料

論語疑義探釋 / 汪淳著. -- 初版. -- 臺北市 :文史哲, 民 92
面; 公分. -- (文史哲學集成 ; 471)
參考書目 : 面
ISBN 957-549-495-4 (平裝)

1. (周) 孔丘 - 論語 - 評釋

121.22 92002179

文史哲學集成 471

論語疑義探釋

著 者:汪 淳
出版者:文史哲出版社
http://www.lapen.com.tw
登記證字號:行政院新聞局版臺業字五三三七號
發行人:彭 正 雄
發行所:文史哲出版社
印刷者:文史哲出版社
臺北市羅斯福路一段七十二巷四號
郵政劃撥帳號:一六一八〇一七五
電話 886-2-23511028・傳真 886-2-23965656

實價新臺幣二〇〇元

中華民國九十二年 (2003) 一月初版

ISBN 957-549-495-4

自序

趙岐曰：「《論語》者，《五經》之錧鎋，六藝之喉衿也。」（趙岐孟子題辭）。程頤云：「以此量度事物，自然見得長短輕重。」蓋《論語》乃孔子言行之菁萃，《六經》旨要之總歸，人倫尺度之權衡。若能熟讀而深思，窮究而融通，則進可以經世濟民；退可以安身立命，斯誠內聖外王、成己成物之寶典也。

余於經籍之中，嘗獨耽愛《論語》。蒙童受書，即習句讀；其後稍長，探索義理；迨執教鞭，復參考據。知自漢世以降，注釋訓解之書，不啻數百種。或考異文、或注音義；或作別解、或加發明。琳瑯滿目，汗牛充棟。

然諸家之注，見仁見智，鮮能備善。漢宋門戶，各有所偏，亦難盡當。是以每讀《論語》，不能無疑。如〈無友不如己者。〉舊解皆謂勿與不如己者為友也；〈君子不器。〉舊說皆謂成德之士，體無不具，故用無不周，非特為一材一藝而已；〈君子欲訥於言〉及〈剛毅木訥〉之「訥」，舊說皆訓為遲鈍也；〈朝聞道〉之「道」，舊說皆訓為世之有道，或古先聖王君子之道也。低迴尋思，意有未安。教學之餘，迭加探究。偶有所悟，立作箋注，或一日而得數則；或數月而得一則。累月經年，積稿漸豐，乃分期寄投《孔孟學報》或《孔孟月刊》。計〈君子不器〉、〈朝聞道，夕死可矣〉、〈二三子以我爲隱乎〉、〈子罕言利與命與仁〉、〈如有所立卓爾〉、〈食不厭精〉、〈爲之難、言之得無訒乎〉、〈剛毅木訥〉等八章，發表於《孔孟學報》第二十六期（第七九頁至九六頁）。〈約而爲泰〉、〈臨大節而不可奪〉、〈君子泰而不驕〉、〈疾固也〉、〈衆惡之必察焉〉、〈今之愚也詐而已矣〉、〈焉能爲有、焉能爲無〉、〈吾友張也爲難能也〉、〈堂堂乎張也〉等九章，發表於《孔孟月刊》第三十四卷第五期（第一頁至第五頁）。〈行有餘力則以學文〉、〈無友不如己者〉、〈先行其言而後從之〉、〈邦有道不廢〉、〈犂牛之子〉、〈伯牛有疾〉、〈予所否者天厭之〉、〈吾知免夫〉、〈興於詩立於禮成於樂〉、〈不能專對〉等十章，發表於《孔孟學報》第七十二期（第七九頁至九三頁）。〈賢賢易色〉、〈君子欲訥於言〉、〈無道則隱〉、〈齊必變食〉、〈魯衛之政兄弟也〉、〈苟合矣〉、〈久要不忘平生之言〉、〈九合諸侯〉、〈可以爲文矣〉、〈難矣哉〉、〈吾猶及史之闕文〉、〈道不同〉、〈以爲厲己〉等十三章，發表於《孔孟月刊》第三十六卷第三期（第五頁至第十一頁）。唯恐散逸，乃輯而成書，名曰：《論語疑義探釋》。

聖言博大精深，自揣智慮淺薄，仰鑽瞻忽，難窺堂奥。奚敢自詡愚者一得，妄冀忝列著述之林？短章之作，殆讀論心得而已，用示日知月毋之意耳。謬續前軌，亦多見其不知量矣！博雅君子，幸匡正焉。

汪 淳 中華民國九十一年（二〇〇二）十月序於台中容安樓

論語疑義探釋 目錄

論語疑義探釋

汪　淳

一、君子不器

論語爲政篇：子曰：「君子不器」。

歷代注家對於此章，均著力注解「不器」二字，至於「君子」一詞，指成德之士，乃無異辭。如：

(一)何晏集解引包曰：「器者各周於用，至於君子，無所不施。」

(二)皇侃義疏引熊埋云：「器以名可繫其用；賢以才可濟其業。業無常分，故不守一名。用則定施，故舟車殊功也。」

(三)朱子集注曰：「器者各適其用，而不能相通。成德之士，體無不具，故用無不周，非特爲一材一藝而已。」

如依朱子所云：「成德之士，體無不具，故用無不周，非特爲一材一藝而已。」則成德之君子，必通才而後可，專才則非君子矣！

然孔門弟子之中，宰我、子貢，擅長言語；冉有、季路，擅長政事；子游、子夏，擅長文學。是數子者，皆斐然有成之士。雖宰予晝寢；子貢方人；仲由性剛；冉求爲季氏聚斂，嘗受孔子之斥，有所不取焉。惟子游、子夏，乃志行高潔，文質彬彬者也，豈不得居君子之名也哉？

況君子者，才德俱優之士也。舉凡有才有德者，皆稱君子也，又何拘於通才與專才乎？而人之才智，各有所偏，鮮能備善。周公訓魯公（其子伯禽）曰：「故舊無大故，則不棄也，無求備於一人。」司馬光云：「人之材性，各有所能，雖皋夔稷契，止能各守一官，況於衆人，安可求備？」按周公之意，謂天下無全才，凡有一技之長，即委以一官之職，如是則事無不舉，而不必求備於一人也。是知禮無不具，用無不周之難。而術業有專攻，居仁由義者，亦難謂其非君子也。

考論語一書，見「君子」一詞者，凡一百零六次。而君子有二義：一爲有才德者之稱；一爲在位者之稱。屬有才德者，凡九十有五次（文長不備舉）：屬在位者，凡十有一次。如：

「君子篤於親，則民興於仁。」（泰伯）

「君子之德風，小人之德草。」（顏淵）

「君子易事而難說也。」（子路）

「子路問君子，子曰：脩己以敬。」（憲問）

「侍於君子有三愆。」（季氏）

「君子學道則愛人。」（陽貨）

「君子不施其親。」（微子）

「君子信而後勞其民。」（子張）

「君子惠而不費。」「君子無衆寡。」「君子正其衣冠。」（堯曰）

以上各句之「君子」，皆指在位者是也。

余以「君子不器」之「君子」，若訓爲在位者之君子，則於理能安，於義較切。蓋成德之士，學有專長，身懷異能，誠無損其爲君子，亦毋庸求其兼備也。惟居上位者則不然，須能博通管教養衛之術，治國安民之道，乃能獨當一面，知人善任；攘外安內，肆應裕如。此則所謂通才是也。若僅具一材一藝，斯亦不足以治人矣。故公冶長篇：子謂子賤曰：「君子哉！若人。魯無君子者，斯焉取斯？」孔子所以美子賤爲君子者，蓋子賤治單父，單父大治故也。此即君子（在位者）不器之證也。同篇子貢見孔子歷評諸弟子而問曰：「賜也何如？」子曰：「女器也。」曰「何器也？」曰：「瑚璉也。」子謂子貢雖未能爲在位之君子，然亦屬學有專長之士矣。

又子路篇：樊遲請學稼，子曰：「吾不如老農。」請學爲圃，曰：「吾不如老圃。」樊遲出。子曰：「小人哉，樊須也！上好禮，則民莫敢不敬；上好義，則民莫敢不服；上好信，則民莫敢不用情。夫如是，則四方之民，襁負其子而至矣，焉用稼？」按文中之「上」字，均指居上位之人。稼圃爲小人（治於人者）之事；樊遲既有志爲大人（治人者），則應不器，而以稼圃之事問，何其小也！宜乎夫子之責也。此亦「君子不器」之「君子」，指在位者之一證也。

是故「君子不器」，宜釋爲：「在位之人，體無不具，故用無不周，非特爲一材一藝而已也。」

二、朝聞道夕死可矣

論語里仁篇：子曰：「朝聞道，夕死可矣。」

此章前人之注，約有如下三說：

㈠何晏集解曰：「言將至死不聞世之有道也。」

㈡朱子集注云：「道者，事物當然之理。苟得聞之，則生順死安，無復遺恨矣。朝夕，所以甚言其時之近。」

㈢劉寶楠正義曰：「朝夕，言時至近，不踰一日也。聞道者，古先聖王君子之道，己得聞知之也。聞道而不遽死，則循習諷誦，將爲德性之助。若不幸而朝聞夕死，是雖中道而廢，其賢於無聞也遠甚。故曰可矣。新序雜事篇載楚共王事，晉書皇甫謐傳載謐語，皆謂聞道爲己聞道，非如注云（指集解所注）聞世之有道也。」

按此章疑義在一「道」字。集解謂聞道乃聞世之有道。此道字即「天下有道則見，無道則隱」之道；朱子釋道爲天地間事物當然之理，此道字即「道也者，不可須臾離也，可離非道也」之道；劉寶楠以聞道乃聞古先聖王君子之道，此道字即「先王之道，斯為美，小大由之。」及「君子之道，焉可誣也」之道。姑不論此三家釋道之義，同中有異，異中有同。而其聞道，乃己得聞善道則一。依此以觀，則此章乃極言欲聞道之亟，雖朝聞夕死，亦可無憾。惟細繹經義，良有未安。蓋孔子生當亂世，道衰德薄，然尚未至於「舉世混濁，無道可聞」之時。公冶長篇：子曰：「甯武子，邦有道則知，邦無道則愚。」衛靈公篇：子曰：「直哉！史魚。邦有道如矢，邦無道如矢。君子哉！蘧伯玉。邦有道則仕，邦無道則可卷而懷之。」子張篇：子貢曰：「文武之道，未墜於地，在人；賢者識其大者，不賢者識其小者，莫不有文武之道焉。」可見孔子之世，尚非全屬無道，亦非無道可聞。雖儀封人見孔子，出曰：「天下之無道也久矣，天將以夫子為木鐸。」亦屬慨乎言之，未可據。縱使天下滔滔者皆無道也，亦有孔子及其賢弟子之道存焉。何以謂「將至死不聞世之有道也。」集解之說非。

余以為此章之道字，應指孔子之道而言，與「吾道一以貫之。」（里仁）；「道不行，乘桴浮於海。」（公冶長）；「非不說子之道，力不足也。」（雍也）；「道之不行，已知之矣。」（微子）各章之道字同義。全章之旨，乃孔子歎自己之道不得行於世，故極言若朝聞吾道行於天下，則夕死亦無憾矣。聖人切盼己道得行之心，於斯表露無遺。

三、二三子以我為隱乎

論語述而篇：子曰：「二三子以我爲隱乎？吾無隱乎爾！吾無行而不與二三子者，是丘也。」

此章古人之注如下：

(一)何晏集解引包曰：「二三子謂諸弟子。聖人智廣道深，弟子學之不能及，以爲有所隱匿，故解之也。我所爲無不與爾共之者，是某之心也。」

(二)朱子集注云：「諸弟子以夫子之道，高深不可幾及，故疑其有隱。而不知聖人作止語默，無非教也。故夫子以此言曉之。與，猶示也。」

(三)劉寶楠正義曰：「聖人知廣道深，弟子學之，既不能及，故夫子亦不教之。所謂中人以下，不可語上也。乃弟子則疑夫子有所隱匿，故夫子復以無隱解之。明我之心，凡所爲學，無不欲與二三子共之，但二三子未能幾此耳。疑我爲隱，不亦過乎！」

㈣竹添光鴻會箋云：「此語亦有因而發也，必非突然呼而語焉者。蓋諸弟子以其學焉而不能及焉，疑其所見聞之外，別有高妙一路，而願聞之。故夫子告以惟如是而已，無復蘊奧也。」

按此章兩「隱」字，漢宋諸先儒，皆解爲隱匿道學，不教弟子之謂。如集解引包曰：「聖人智廣道深，弟子學之不能及，以爲有所隱匿。」朱子則云：「諸弟子以夫子之道高深，不可幾及，故疑其有隱。」後之注家，雖有異說，然亦不出「隱匿道學」之窠臼。竊以夫子之教弟子，隱與不隱，殊難爲斷。蓋道學有深淺之分，資質有智愚之別。雖夫子不隱，中人以下，亦不得而悟也。而中人以上，亦未能盡知夫子之學與道也。故子貢曰：「夫子之文章，可得而聞也；夫子之言性與天道，不可得而聞也。」此所謂文章者，詩、書、禮、樂是也；此所謂性與天道者，易與春秋是也。可知聖門之施教，乃視學者可喻與不可喻而定教材之深度耳。此即循序漸進、教不躐等之法，豈有隱乎？且孔子教人之方，著重啓發，欲其自喻也。述而篇子曰：「不憤不啓，不悱不發；舉一隅，不以三隅反，則不復也。」學記曰：「時觀而弗語，存其心也。」又曰：「力不能問，然後語之；語之而不知，雖舍之可也。」聖人此種教學方法，爲弟子所熟知。弟子豈以「不啓」、「不發」、「不復」、「弗語」、「舍之」而疑夫子隱之乎？

爾雅釋詁曰：「隱匿，微也。」說文云：「隱，蔽也。」此章兩「隱」字，雖亦作隱蔽、隱諱解，然應指行爲而言，疑非道學也。此隱字，與子路篇「父爲子隱、子爲父隱」同義。下云「吾無行而不與二三子者」之「行」字，應訓爲「行爲」；「與」字（說文「黨與也。」）應訓爲「相處」（朱注訓與猶示也，疑非）。

全章經義乃夫子曉諭弟子曰：「爾等以爲我在行爲上有所隱瞞乎？我實無所隱瞞也。因我無論何種行動，皆與爾等俱也。此乃我之爲人也。」

述而篇：「陳司敗問：『昭公知禮乎』？孔子曰：『知禮』。孔子退，揖巫馬期而進之，曰：『吾聞君子不黨，君子亦黨乎？君取於吳爲同姓，謂之吳孟子。君而知禮，孰不知禮？』巫馬期以告。子曰：『丘也幸，苟有過，人必知之。』」此爲夫子無隱之證。兩文互參，可得聖言蘊義。

四、子罕言利與命與仁

論語子罕篇：子罕言利，與命與仁。

此章說者最多，茲舉數家之言如次：

㈠何晏集解曰：「罕者，希也。利者，義之和也。命者，天之命也。仁者，行之盛也。寡能及之，故希言也。」

㈡皇侃義疏云：「言者，說也。利者，天道元亨利萬物者也。與者，言語許與之也。命，天命。窮通夭壽之目也。仁者，惻隱濟衆，行之盛者也。弟子記孔子為教化所希言及所希許與人者也。」

㈢朱子集注曰：「罕，少也。程子曰：『計利則害義，命之理微，仁之道大，皆夫子所罕言也。』」

㈣阮元論語論仁論云：「孔子言仁者詳矣，曷為曰罕言也？所謂罕言者，孔子每謙不敢自居於仁，亦不輕以仁許人也。」

㈤劉寶楠正義曰：「夫子晚始得易，易多言利，而贊易又多言命。中人以下，不可語上，故弟子於易獨無問答之辭。今論語夫子言仁甚多，則又羣弟子記載之力，凡言仁皆詳書之，故未覺其罕言爾。」

㈥官懋庸論語稽云：「言者，自言也；罕，少也，稀也。子罕言者，記者旁窺已久，而見之之辭也。利者，人情之所欲。夫子渾然天理，故罕言利。命者，天命；夫子知其不可而為之，故罕言命。仁者，此心生生不息之理；夫子謙不居聖仁，故罕言仁。此章之意，在記者觀夫子之自言，不在夫子之教人。」

按上列各注，以論語稽之說較長，然亦不能無疑。蓋其謂「此章之意，在記者觀夫子之自言，不在夫子之教人。」惟自言與教人，如何辨明之？或曰：問答之辭，教人也；子曰云云，自言也。如是，則子所言利，僅於里仁篇兩見之：

*1.*子曰：「放於利而行，多怨。」

*2.*子曰：「君子喻於義；小人喻於利。」

大學一見之：

「國不以利為利，以義為利。」

利，固子所罕言也，惟言命則於中庸四見之：

1.「天命之謂性」。

2.「居易以俟命」。

3.「大德者，必受命」。

4.「維天之命，於穆不已」。

於論語四見之：

1.「五十而知天命」。（爲政）

2.「亡之，命矣夫」。（雍也）

3.「畏天命」。（季氏）

4.「不知命，無以爲君子」。（堯曰）

如上云云，豈罕言哉？至於夫子自言仁，於論語一書，則有二十四章之多，似此猶以爲罕言，則夫子所多言者何耶？是以此章古人辨惑者多矣。

陳天祥四書辨疑曰：「若以理微道大則罕言，夫子所常言者，豈皆理淺之小道乎？聖人於三者之中，所罕言者惟利耳，命與仁乃所常言。命猶言之有數，至於言仁，寧可數耶？聖人捨仁義而不言，則其所以爲教爲道、化育斯民、洪濟萬物者，果何事也？」又曰：「說者當以子罕言利爲句，與，從也。蓋言夫子罕曾言利，從命從仁而已。」

史繩祖學齋佔畢云：「子罕言者，獨利而已，當以此四字爲句作一義。曰命曰仁，皆平日所深與。此當別作一義。與，如我與點也，吾不與也等字之義。」

焦里堂論語補疏曰：「孔子言義，不多言利，故云子罕言利。若言利則必與命並言之，與仁並言之。利與命並言、與仁並言，則利即是義。『子罕言』三字呼應兩與字，味其詞意甚明。」

黃式三論語後案云：「說文罕訓網，漢書注罕訓畢者，本義也。經傳中罕訓少者，借字也。罕言之罕，借爲軒豁之軒。軒有顯豁之義，亦曰軒豁。」（黃氏訓罕爲顯明之顯。）李氏論語筆解云：「孔子罕言此三者之人，非謂罕言此三者之道。」

以上各說，均非無見。尤以陳氏、史氏之說爲佳。然陳氏訓與爲從；史氏訓與爲我與點也，吾不與也之與，稍欠圓融，爰敢略贊一辭以爲補耳。

「子罕言利與命與仁」，實應於利字斷句，爲一義；「與命與仁」爲一義。蓋此章如謂子罕言利、罕言命、罕言仁，依論語句法之例，應作「子罕言利、命、仁」。而不加「與」字作連接詞。如：

「子所雅言，詩書、執禮，皆雅言也。」（述而）

「子不語：怪、力、亂、神。」（述而）

「子以四教：文、行、忠、信。」（述而）

「子之所愼：齊、戰、疾。」（述而）

「子絕四：毋意、毋必、毋固、毋我。」（子罕）

「君子有三畏：畏天命、畏大人、畏聖人之言。」（季氏）

「益者三友，損者三友：友直、友諒、友多聞，益矣；友便辟、友善柔、友便佞，損矣。」（季氏）

「益者三樂，損者三樂：樂節禮樂、樂道人之善、樂多賢友，益矣；樂驕樂、樂佚遊、樂宴樂，損矣。」（季氏）

以上各句，皆以諸目平列，而無加「與」字爲連詞。「子罕言利與命與仁」，利下用兩「與」字，顯與例異。故於利字斷句，各別爲義，深合論語句法通例。「與命與仁」之「與」字，上「與」字，音ㄩˇ，與述而篇互鄉難與言章「子曰：『與其進也，不與其退也』。」之「與」字同義。作稱許解（錢穆論語要略解爲贊許）引伸爲樂道。下「與」字，音ㄩˇ，連詞。全章意謂：「孔子甚少言利，惟常樂道天命與仁德。」

五、如有所立卓爾

論語子罕篇：顏淵喟然歎曰：「仰之彌高，鑽之彌堅；瞻之在前，忽焉在後。夫子循循然善誘人；博我以文，約我以禮，欲罷不能。既竭吾才，如有所立。卓爾，雖欲從之，末由也已！」

此章「如有所立。卓爾，」一句，古有如下諸注：

㈠何晏集解引孔曰：「其有所立，則又卓然不可及。言己雖蒙夫子之善誘，猶不能及夫子之所立也。」

㈡陸德明經典釋文引鄭注云：「卓爾，絕望之辭。」（按：絕望者，絕於瞻望也。）

㈢皇侃義疏引孫綽曰：「若有所興立，卓然出視聽之表，猶天之不可階而升。」

㈣論語筆解韓愈曰：「既竭吾才，如有所立卓爾。此回自謂，雖卓立，未能及夫子高遠爾。」李翺曰：「退之深得之矣。吾觀下篇云：『可與共學，未可與適道；可與立，未可與權。』是知所立卓爾，尚未可權。是顏回自謂明矣。」

㈤朱子集注云：「卓，立貌。此顏子自言其學之所至也。蓋悅之深而力之盡，所見益親，而又無所用其力也。」又引吳氏曰：「所謂卓爾，亦在乎日用行事之間，非所謂窈冥昏默者。」又引胡氏曰：「然後見夫子所立之卓然，雖欲從之，末由也已。」

㈥劉寶楠正義曰：「如有所立卓爾，謂禮之所立，無非道也。顏子於博約之教，服習既久，故舉其所已知者以自明，求其所未知者以自勉。莊子田子方篇，顏淵曰：『夫子步亦步，夫子趨亦趨，夫子馳亦馳。夫子既奔逸絕塵，而回瞠若乎後矣。』奔逸絕塵，則夫子之所立卓爾也。」

㈦竹添光鴻論語會箋云：「如有所立卓爾，所立卓爾，四字連讀。猶言卓然獨立也。如有者，非謂似見未見，蓋此等地位，非可以言語形象求，故以『如有』言之。」此章「如有所立卓爾」句，集解謂「其有所立，則又卓然不可及。」疏曰：「其夫子更有所創立，則又卓然絕異。」以立指夫子之立。劉氏正義從之。此一說也；筆解韓愈、李翱均以此乃顏子自謂，雖卓立，未能及夫子之高遠。所立卓爾，是顏回自謂，非指夫子之立。此又一說也；而朱注先則曰：「卓，立貌。此顏子自言其學之所至也。」後又引胡氏曰：「然後見夫子所立之卓然。」是朱子自以爲立指顏子之立，而胡氏認爲立指夫子之立。亦不出此兩說之範疇。

余以「如有所立卓爾，」應於立字斷句；卓爾，又爲一句。「如有所立」，應與上「既竭吾才」合解；「卓爾」應與下「雖欲從之，末由也已」合解。「如有所立」，指顏回；「卓爾」，指孔子。說文：「卓，高也。」儀禮覲禮：「匹馬卓上。」解曰：「卓之言超也，絕也，獨也。」廣雅：「踔，絕也。」李善西都賦注：「逴躒，猶超絕也。」踔、逴與卓，古並同聲，其義一也。稽諸論語全書，記述孔子之人格高超、道學絕倫者多矣。如：

「子禽問於子貢曰：『夫子至於是邦也，必聞其政，求之與？抑與之與？』子貢曰：『夫子溫、良、恭、儉、讓以得之，夫子之求之也，其諸異乎人之求之與！』」（學而）

「儀封人見孔子，出曰：『二三子何患於喪乎？天下之無道也久矣，天將以夫子爲木鐸。』」（八佾）

「子曰：『若聖與仁，則吾豈敢？抑爲之不厭，誨人不倦，則可謂云爾已矣。』公西華曰：『正唯弟子不能學也。』」（述而）

「子溫而厲，威而不猛，恭而安。」（述而）

「子絕四：毋意、毋必、毋固、毋我。」（子罕）

「太宰問於子貢曰：『夫子聖者與？何其多能也？』子貢曰：『固天縱之將聖，又多能也。』」（子罕）

「子曰：『吾自衛反魯，然後樂正，雅頌各得其所。』」（子罕）

「朝，與下大夫言，侃侃如也；與上大夫言，誾誾如也；君在，踧踖如也，與與如也。」（鄉黨）

「子曰：『君子道者三，我無能焉；仁者不憂，智者不惑，勇者不懼。』子貢曰：『夫子自道也』。」（憲問）

「子曰：『不怨天，不尤人，下學而上達，知我者其天乎！』」（憲問）

「在陳絕糧，從者病，莫能興。子路慍見曰：『君子亦有窮乎？』子曰：『君子固窮，小人窮斯濫矣。』」（衛靈公）

「夫子焉不學？而亦何常師之有？」（子張）

「夫子之牆數仞，不得其門而入，不見宗廟之美，百官之富，得其門者，或寡矣。」（子張）

「仲尼不可毀也，他人之賢者，丘陵也，猶可踰也；仲尼，日月也，無得踰焉。人雖欲自絕，其何傷於日月乎？多見其不知量也。」（子張）

「夫子之不可及也，猶天之不可階而升也。夫子之得邦家者，所謂立之斯立，道之斯行，綏之斯來，動之斯和。其生也榮，其死也哀，如之何其可及也！」（子張）

由上所舉，可知孔子之人格及道學之體用，高超絕倫，弟子從之，僅能得其部分，未能得其全體也。故顏子既盡其才，如有所立（立，猶成立也）然又見夫子之人格道學高超絕倫，雖欲學之，實無由而齊之也。李中孚反身錄云：「問穎悟如顏子，學夫子之道，猶仰鑽瞻忽，歎其高堅前後之難入。今學者既無顏子之穎悟，而欲學夫子，其難尤將何如耶？曰：謂顏子從夫子學道則可；謂爲學夫子之道，非惟不知道，並不知顏子矣。夫道爲人人當由之道，存心盡性之謂也。顏子存己心、盡己性，而由己所當由之道，由之而初未得其方，不是過、便是不及，出入無時，莫知其鄉；潛天而天，潛地而地。是以有高堅前後之疑。若謂學夫子之道，是舍己而學人，乃後世徇跡摹倣者之所爲。即一學而成，不高不堅，不前不後，亦與自己心性有何干涉？」李氏發明聖道微蘊，議論入木三分，可謂知道者也。

孔子教弟子博學於文，約之以禮，即是教弟子求道之方。亦即是「循循然善誘人」之「循循然」。依此以進，即可以入德矣。故曰：「仁遠乎哉？我欲仁，斯仁至矣。」他日顏淵問仁，孔子告以「爲仁由己，而由人乎哉？」即示其應自求道。而顏子反欲求孔子之道，無怪乎其「雖欲從之，末由也已！」朱注認爲顏子此歎，應在「請事斯語」之後至「其心三月不違仁」之時，近是。

茲將全章之意語譯如下：

顏淵贊歎地說：「夫子的道學，仰望它，愈覺得它崇高莫及；鑽研它，愈覺得它堅不可入。看它恍惚在前，忽又見它在後。幸得夫子有次序、有方法的誘導我，他先教我博覽典籍，充實學問；又教我拿禮來約束自己，端正言行。我雖偶有懈怠的念頭，也不忍停手。於是我盡心盡力的學，好像有一點兒成就了，但一見夫子的人格道學如此高超絕倫，雖要步步追隨夫子，也無法和他完全一樣啊！

六、食不厭精

論語鄉黨篇：食不厭精，膾不厭細。

㈠朱子集注曰：「食，飯也。精，鑿也。牛羊與魚之腥，聶而切之爲膾。食精則能養人，膾粗則能害人。不厭，言以是爲善，非謂必欲如是也。」

㈡劉寶楠正義云：「周語：『不可厭也』。韋注：『厭，足也。』晉語：『民志無厭。』韋注：『厭，極也。』夫子疏食飲水，樂在其中。又以士恥惡食爲不足與議，故於食膾皆不厭精細也。」

按此兩句集解無注，朱子本皇邢二疏之說，訓厭爲嫌惡之意。惟觀「士志於道，而恥惡衣惡食者，未足與議也」（里仁）；「飯疏食飲水，曲肱而枕之。」（述而）；「奢則不孫，儉則固；與其不孫也，寧固。」（述而）；「麻冕，禮也。今也純，儉，吾從衆。」（子罕）；「君子謀道不謀食。」（衛靈公）；及本篇下文「雖疏食菜羹瓜，祭，必齊如也。」等諸句，可知孔子崇儉而戒奢。是則「食不厭精，膾不厭細」之「厭」字，訓為嫌惡，與孔子之德悖。且朱注謂「食精則能養人，膾粗則能害人。」亦未必然。蓋飯米精白，營養反較糙米為遜；魚肉切粗，未必有害人體。（說文云：「膾，細切肉也」。釋名釋飲食：「膾，會也，細切肉。散分其赤白，異切之，乃會和之也。」少儀云：「牛與羊魚之腥，聶而切之為膾。」注云：「聶之言牒之。先藿葉切之，後報切之，所謂聶而切之也。」李惇羣經識小謂其制與今之肉絲相似。）肉細切與粗切，乃烹調方法之不同耳。其食之時，均經細嚼而後嚥，又何關乎利人與害人哉？古之食肉者，析動物之腿烤而食之，與今西方之食無殊，而所謂牛排、豬排者，其味鮮美，又具養分，天下之口同嗜焉。何嘗細切乎？何嘗害人乎？故朱說未可據。

劉氏正義本晉語「民志無厭」，訓厭為極，似較朱注為長。然「食不極精」，精，已嫌奢矣，遑論「極」乎？至於「膾不極細」（極細，即細切之極也。）細切至極，利弊何在？益不可解矣！是則劉說亦未允當。

然則「厭」字應作何解耶？鄙意認應以「飽足」釋之為宜。蓋「君子食無求飽，居無求安」，是其證也。厭，說文作猒，云飽也。集韻舊本引論語文，皆作「食不饜精，膾不饜細。」鄭汝諧論語意原曰：「凡人之情，麤糲則少食，精細則屬厭。夫子無間於此，食之精，膾之細，未嘗屬厭焉。」毛奇齡四書改錯引張文彬曰：「不厭即不飽，史記遊俠傳，季次原憲褐衣疏食不厭。平原君傳：褐衣不完，糟糠不厭。伯夷傳：回也屢空，糟糠不厭。皆解作不飽，並無作惡解者。」鄭氏毛氏之說是也。

七、為之難言之得無訒乎

論語顏淵篇：司馬牛問仁。子曰：「仁者，其言也訒。」曰：「其言也訒，斯謂之仁乎？」子曰：「爲之難，言之得無訒乎？」

此章約有下列諸說：

㈠何晏集解引孔曰：「行仁難，言仁亦不得不難矣。」

㈡皇侃義疏引江熙曰：「禮記云：仁之爲器重，其爲道遠，舉事莫能勝也，行者莫能致也。勉於仁者，不亦難乎？夫易言仁者，不行之者也。行仁，然後知勉仁爲難，故不敢輕言也。」

㈢朱子集注云：「訒，忍也，難也。仁者，心存而不放，故其言若有所忍而不易發。

蓋其德之一端也。」又曰：「牛意仁道至大，不但如夫子之所言。故夫子又告之以此。蓋心常存，故事不苟，事不苟，故其言自有不得而易者，非強閉之而不出也。」

㈣劉寶楠正義曰：「依何氏意，似訒者謂其辭之委曲煩重，心有所不忍，而不能徑遂其情。故言之亦多過難。鄭注云：『訒，不忍言也。』說與何氏同。」又引徐遵明公羊疏申解論語云：「言難言之事，必須訒而言之。蓋訒而言，正所以致其不忍之情。故夫子以爲仁。」（按劉氏又認皇疏引江熙之說亦可通。）

此章「訒」字，正義訓爲忍也。（忍，反慈之意。）劉氏以「牛之兄桓魋，有寵於宋景公，而爲害於公。牛憂之，情見乎辭。兄弟怡怡，不以義傷恩也。而魋之不共。上則禍國，下致絕族。爲之弟者，必須涕泣而道。」故告之以「仁者其言也訒。」此說有嫌迂曲。集解釋訒爲「不輕言仁」。然則不輕言仁，即爲仁乎？若謂仁者自訒，非訒即仁。則仁者何以獨不輕言仁哉？此說亦嫌不備。

朱注謂：「訒，忍也，難也。仁者心存而不放，故其言若有所忍而不易發。」朱子訓訒爲忍（耐也），與正義之說異。訒訓爲難，雖本集解之說，然其釋明「訒」字之義，誠視諸說爲長。蓋「仁者其言也訒」之「言」字，乃泛指一切之言，非僅屬言仁一端也。史記弟子列傳曰：「牛多言而躁。」又觀下章問君子，牛之易言也可知。故夫子誠以訒其言也。朱子之解得之。惟美中不足者，乃朱注訓訒爲忍也、難也，略嫌不洽耳。

按說文：「訒，頓也。從言，刃聲。」是頓乃訒之本義，訓忍、訓難，皆引伸義也。既用引伸義，則訒字不如訓謹較爲明確。謹者，愼也。仁者必謹言愼行，以彰其德，故曰「仁者其言也訒。」論語中教人愼言者多矣，如：

「敏於事而愼於言。」（學而）

「多聞闕疑，愼言其餘，則寡尤。」（里仁）

「古者言之不出，恥躬之不逮也。」（里仁）

「君子欲訥於言而敏於行。」（里仁）

「非禮勿言。」（顏淵）

「君子於其言，無所苟而已矣。」（子路）

「不幾一言而興邦乎？」（子路）

「不幾一言而喪邦乎？」（子路）

問）

「其言之不怍，則爲之也難。」（憲問）

「君子恥其言而過其行。」（憲問）

「言未及之而言，謂之躁；言及之而不言，謂之隱；未見顏色而言，謂之瞽。」（憲問）

「可與言而不與之言，失人；不可與言而與之言，失言。」（衛靈公）

「君子一言以爲知，一言以爲不知，言不可不愼也。」（子張）

以上皆君子愼言之例。而仁者其言自愼，至欲修仁德，則當自謹言語，以全其德也。故孔子告牛以「仁者其言也訒。」惟牛意仁道至大，不但如孔子之所言。故孔子又告之以「爲之難，言之得無訒乎？」爲之難者，言處事難也。處事既難，言辭得不愼乎？憲問篇子曰：「其言之不怍，則爲之也難」。可爲此句旁證。此蓋司馬牛言多而躁，故孔子以此戒之也。

八、剛毅木訥

論語子路篇：子曰：「剛、毅、木、訥，近仁。」

此章重要注釋，約有下列四家：

㈠何晏集解引王曰：「剛無欲，毅果敢，木質樸，訥遲鈍。有斯四者近於仁。」

㈡朱子集注引程子曰：「木者質樸，訥者遲鈍。四者質之近乎仁者也。」又引楊氏曰：「剛毅則不屈於物欲；木訥則不至於外馳。故近仁。」

㈢皇侃義疏云：「言此四者與仁相似，故云近仁。剛者性無求欲，仁者靜，故剛者近仁也；毅者性果敢，仁者必有勇，周窮濟急，殺身成仁，故毅者近仁也；木者質樸，仁者不尚華飾，故木者近仁也；訥者言語遲鈍，仁者愼言，故訥者近仁也。」

㈣劉寶楠正義曰：「訥即訥於言之訥。注云遲鈍，謂其言遲鈍，不致妄說也。後漢書吳漢傳論引此文，李賢注云：訥，忍於言也。是也。李又云：四者皆仁之質，若加文，則成仁矣。」

此章「訥」字之義，集解訓爲「遲鈍」，後之注家，皆從集解。余以言語遲鈍，謂之近仁，殊不合理。蓋若必言語遲鈍，方謂近仁，則言語流利者必不仁矣。然孔門設教，列有四科，宰我、子貢屬言語科，豈不仁歟？而夫子在宗廟、朝廷，「便便言，唯謹爾。」孟子曰：「予豈好辯哉？予不得已也。」是知孔子與孟子皆非言語遲鈍者，此又當作何解耶？子曰：「有德者必有言。」是有德之士，亦能言也。豈能言之有德之士，亦不仁歟？況言語遲鈍，乃生之缺陷，非屬人之異稟，胡可以其缺陷而諛其近仁耶？故余以爲集解之說未當。

按說文：「訥，言難也。」注云：「與訒義同。」廣雅釋詁：「訥，遲也。」玉篇引論語「君子欲訥於言而敏於行」句，訥作吶。以吶爲訥之或體。說文：「㕯，言之訥也。」㕯在口部，訥在言部，字異而義同。檀弓：「其言吶吶然，如不出諸其口。」注：「吶吶，舒小貌。」按舒有遲緩之意。而言語遲緩，又有愼重之意存焉。黃式三論語後案曰：「訥，即訥於言之訥。觀仁者其言也訒，可見非質之鈍也。程子以四者爲質，失之也。」足證訥訓遲鈍之非。此章之意，蓋謂：

「如能剛正無欲；果敢堅忍；性情樸直；言語謹愼者，已近仁道之境矣。」

故此「訥」字，與里仁篇「欲訥於言」之「訥」字；顏淵篇「其言也訒」之「訒」字，並應作「謹愼」解。

或謂前有「巧言、令色，鮮矣仁。」此有「剛毅木訥近仁。」兩章互參，則知「剛毅者必不能令色；木訥者必不為巧言。」（洪邁容齋隨筆語）實則「巧言、令色」章，前人之注，亦有可議之處。據何晏集解引包曰：「巧言，好其言語；令色，善其顏色。皆欲令人說之，少能有仁也。」按：好其言語，善其顏色，欲令人說之，若無陰機存焉，亦未必少能有仁也。故朱子依此又加申論曰：「巧，好；令，善也。好其言，善其色，致飾於外，務以說人。則人欲肆而本心之德亡矣。聖人辭不迫切。專言鮮，則絕無可知。學者所當深戒也。」王恕石渠意見駁之曰：「人固有飾巧言令色以悅人，而亡心德者，亦有以生質之美，言自巧，色自令，而心德亦不亡者。此聖人所以言其鮮以見非絕無也。集注謂專言鮮，則絕無可知，恐非聖人意。王肯堂筆塵益以己見釋之曰：「巧言者，能言仁而行不揜焉者也；令色者，色取仁而行違者也。夫仁豈可以聲音笑貌為哉？故曰鮮矣仁！若巧佞炫飾務以悅人，則小人之尤者，何勞曰鮮矣仁！」按王氏之說得之。是知「巧言」非能說善道巧好之言也；反之，能說善道巧好之言亦未必鮮仁也。

考春秋之末，漸成一利口世界，莊子以利口談理；戰國策以利口議事。是故孔子深惡佞者，論語屢見不鮮。如：

子曰：「焉用佞？禦人以口給，屢憎於人。不知其仁，焉用佞！」（公冶長）

子曰：「不有祝鮀之佞，而有宋朝之美，難乎免於今之世矣！」（雍也）

子曰：「是故惡夫佞者。」（先進）

子曰：「巧言亂德。」（衛靈公）

子曰：「惡利口之覆邦家者。」（陽貨）

因當時甘辭利口，佞巧之言，阻塞仁義，孔子有憂之，故時加貶責焉。後人習見孔子痛斥佞者之言，遂對「巧言令色」章孳生誤解耳。故「巧言」訓爲「巧好之言」，有違情理。釋爲「巧詐之言」方稱允當。

（以上八章，發表於孔孟學報第二十六期、第七十九至九十六頁。）

九、約而為泰

論語述而篇：子曰：「善人，吾不得而見之矣，得見有恆者，斯可矣。亡而爲有；虛而爲盈；約而爲泰，難乎有恆矣！」

㈠皇侃義疏云：「此目不恆之人也。亡、無也。當時澆亂，人皆誇張，指無爲有，說虛作盈，家貧約而外詐奢泰，皆與恆反，故云難乎有恆矣。」

㈡朱子集注曰：「三者皆虛夸之事，凡若此者，必不能守其常也。」

按：此章「約而爲泰」句，皇疏訓約爲「貧約」，訓泰爲「奢泰」。朱子僅言「三者皆虛夸之事」，語焉不詳，諒同意皇疏之訓。余以「亡而爲有，虛而爲盈，約而爲泰」三者皆指學問道德言，非關貧富之事也。約，簡約也；泰，大之極也。約而爲泰者，謂學問道德原甚淺薄，卻自認爲已至極境矣。此種人虛夸浮僞，難望其能常久不變其心也。虛視亡爲勝，約視虛又爲勝。盈較有爲多，泰較盈又爲多。此爲逐步虛張，不能守常者也。

十、臨大節而不可奪

論語泰伯篇：曾子曰：「可以託六尺之孤，可以寄百里之命，臨大節不可奪也。君子人與？君子人也。」

㈠何晏集解引何曰：「大節者，安國家、定社稷也。不可奪者，不可傾奪之也。」

㈡朱子集注云：「其才可以輔幼君、攝國政，其節至於死生之際而不可奪，可謂君子矣。」

按：此章「臨大節而不可奪也」之「不可奪」三字，集解謂「不可傾奪也。」劉寶楠正義曰：「傾者，覆也。謂覆而取之也。」又曰：「呂氏春秋忠廉篇，言忠臣之事君，苟便於主，利於國，無敢辭違，殺身出生以徇之，即此注意。」朱子則曰「其節至於死生之際而不可奪。」皆謂宗社安危存亡之際，不能奪其節也。余則以為「不可奪」乃「不可奪其志也。」此「奪」字，猶子罕篇「匹夫不可奪志也」之「奪」字。應作「變易」解。「臨大節而不可奪也」句，意謂：面臨宗社安危存亡之際，決不變易其安國家、定社稷之志也。

十一、君子泰而不驕

論語子路篇：子曰：「君子泰而不驕，小人驕而不泰。」

㈠何晏集解曰：「君子自縱泰，似驕而不驕；小人拘忌，而實自驕矜。」

㈡皇侃義疏云：「君子坦蕩蕩，心貌怡平，是泰而不爲驕慢也。小人性好輕凌，而心恆戚戚，是驕而不泰也。」

㈢朱子集注曰：「君子循理，故安舒而不矜肆；小人逞欲，故反是。」

㈣焦循論語補疏云：「泰者，通也。君子所知所能，放而達之於世，故云縱泰，似驕然實非驕也。小人所知所能，匿而不露，似乎不驕，不知其拘忌正其驕矜也。君子不自矜而通之於世；小人自以爲是而不據通之於人，此驕泰之分也。」

㈤劉寶楠正義曰：「今案泰訓通，見易序卦傳，漢書劉向傳。泰者，通而治也。堯曰篇云：『君子無衆寡，無小大，無敢慢，斯不亦泰而不驕乎！』衆寡小大，則君子達之於世也。皆無敢慢，則無驕可知。」

按：大學曰：「是故君子有大道，必忠信以得之，驕泰以失之。」子罕篇曰：「拜下，禮也；今拜乎上，泰也。雖違衆，吾從下。」上兩泰字，皆釋爲驕慢。此章兩泰字，集解訓爲縱泰，似驕而不驕。朱注訓爲安舒而不矜肆。補疏與正義訓爲通也。義略異而不相悖。

余以爲此章之泰字，猶「泰然處之」之「泰」。君子心地寬舒，故其儀態能舒泰而不驕矜；小人心地偏狹，故其儀態常因拘忌而露驕矜之色，故不舒泰。

驕泰與舒泰以相反爲義。此猶甘訓苦；（如詩衛風伯兮「甘心首疾」。）苦訓甘；（如方言：「苦，快也。」）亂訓治；（如書顧命：「其能而亂四方」。）又訓不治；（如書周官：「致治於未亂。」）曩，爾雅訓爲久也。（如文選北征賦：「豈曩秦之所圖」。）說文訓爲不久也；（如檀弓：「曩者爾心或開予」。）瘥，訓病也；（如詩小雅節南山：「天方薦瘥，喪亂弘多」）又玉篇訓爲疾愈也。徂，一訓爲歿；一訓爲存。爾雅釋詁注：「以徂爲存，猶以亂爲治，以曩爲曏，以故爲今，義有反覆旁通，美惡不嫌同名。」似此相反爲義之例，論語尚不多見。

十二、疾固也

論語憲問篇：微生畝謂孔子曰：「丘何爲是栖栖者與？無乃爲佞乎？」孔子曰：「非敢爲佞也，疾固也。」

此章「疾固」有二說：

(一)何晏集解引包氏曰：「病世固陋，欲行道以化之。」

(二)朱子集注云：「栖栖，依依也。爲佞，言其務爲口給以說人也。疾，惡也。固，執一而不通也。聖人之於達尊禮恭而言直如此，其警之亦深矣。」

按：朱注訓「栖栖」爲「依依」，訓「疾固」爲「惡執一而不通」，暗指微生畝。此說似有未周。陳天祥四書辨疑曰：「注文解栖栖爲依依，舊疏與南軒皆解爲皇皇。蓋依依，倚而安之之貌；皇皇，行無定所之貌。微生畝本譏孔子之周流不止，以皇皇之說爲是。注文蓋謂孔子指微生畝爲執一不通也。微生畝謂孔子近佞，孔子復謂畝爲執一不通，此與閭閻之間互相譏罵者何異？畝雖自恃年齒之尊，言有倨傲，孔子亦當存長長之義，而以周流憂世之本誠答之，何必復以如此不遜之言立相還報邪？南軒曰：『包注固，謂世之固陋。』此解是。」

陳氏駁朱注疾固之訓，良非無見。惟然集解包注之說，亦有未當。蓋孔子周流四方，陳說人主，乃因疾惡時君固執成見，不通仁義，是以栖栖皇皇，闡仁述義，以冀其徹悟也。是知孔子所言「疾固」者，乃「疾」人君之「固」，非疾世人之固也。余以「疾固」

二字，應解作「惡人主固執己見，不通仁義，而欲行道以化之也。」呂氏春秋愛類篇：「賢人之不遠海內之路，而時往來乎王公之朝；非以要利也，以民爲務者也。」孔子蓋有此誠，而人君不知，故栖栖皇皇，仗義陳辭，非爲佞也，「疾」人主之「固」也。

十三、眾惡之必察焉

論語衛靈公篇：子曰：「眾惡之，必察焉；眾好之，必察焉。」

㈠何晏集解引王氏曰：「或眾阿黨比周；或其人特立不群，故好惡不可不察也。」

㈡皇侃義疏引衛瓘云：「賢人不與俗爭，則莫不好愛也；俗人與時同好，則亦見好也。凶邪害善，則莫不惡之；行高志遠，與俗違忤，俗亦惡之，皆不可不察也。」

㈢朱子集注引楊氏曰：「惟仁者能好惡人，眾好惡之而不察，則或蔽於私矣。」

按：此章古人皆謂眾之好惡，未必能公而當也，故必察之。爲孔子教弟子之言。竊以此章乃孔子忠諫爲政者之言也。蓋謂眾之好惡，淵源有自，豈可不察而治之乎？眾之好惡，或對政事有所良窳；或對人物有所臧否；或對時風有所喜厭。民之父母，當察其好惡之因，審其好惡之果，而後善為疏導，斷然處置。其是者而從之，其非者而棄之，然後可以正風氣而安人心也。

孟子謂齊宣王曰：「左右皆曰『賢』，未可也；諸大夫皆曰『賢』，未可也；國人皆曰『賢』，然後察之，見賢焉，然後用之。左右皆曰『不可』，勿聽；諸大夫皆曰『不可』，勿聽；國人皆曰『不可』，然後察之，見不可焉，然後去之。左右皆曰『可殺』，勿聽；諸大夫皆曰『可殺』，勿聽；國人皆曰『可殺』，然後察之，見可殺焉，然後殺之。故曰『國人殺之』也。如此，然後可以為民父母。」兩文互參，其義益彰。

十四、今之愚也詐而已矣

論語陽貨篇：子曰：「古者民有三疾，今也或是之亡也。古之狂也肆，今之狂也蕩；古之矜也廉，今之矜也忿戾；古之愚也直，今之愚也詐而已矣！」

㈠皇侃義疏曰：「古之愚者，唯直而病詐，今之愚者，則不復病詐，故云詐而不直也。」

㈡朱子集注云：「愚者暗昧不明，直謂徑行自遂，詐則挾私妄作矣。」

按：此章「今之愚也詐而已矣」之「詐」字，朱注謂「詐則挾私妄作」，失之。蓋愚者既暗昧不明，豈有機變巧詐之智？能機變巧詐者，亦不得目之爲愚矣！

余以爲此「詐」字，應作「僞裝」解。「今之愚也詐而已矣。」言今之所謂愚者，乃裝傻而已。孔子稱寧武子「邦有道則知，邦無道則愚。」此愚即爲裝傻作呆。（亦即詐愚）。然寧武子之詐愚，乃因「邦無道」，恐遭殺身之禍，故裝愚作癡，以求保身。此用心良苦，亦非人人所能及。故孔子曰：「其知可及也，其愚不可及也。」若「今之愚也詐而已矣。」之徒，乃裝傻作呆，以惑衆取利而已矣。故夫子深歎今之不如古也！

十五、焉能為有焉能為無

論語子張篇：子張曰：「執德不弘，信道不篤，焉能爲有？焉能爲亡？」

㈠何晏集解引孔氏曰：「言無所輕重。」

㈡皇侃義疏云：「世無此人，不足爲輕；有此人，不足爲重。」

㈢邢昺注疏曰：「雖存於世，何能為有而重？雖沒於世，何能為無而輕？」

㈣朱子集注云：「有所得而守之太狹，則德孤；有所聞而信之不篤，則道廢。焉能為有無？猶言不足為輕重。」

按：「焉能為有？焉能為無？」古來注家，皆依集解，訓為「有無此人，不足輕重。」然觀全章文意，「焉能為有？焉能為無？」乃承上「執德不弘，信道不篤」而言。雖執德不弘，信道不篤，究屬有執德、有信道者矣，所差在「不弘」、「不篤」而已。而此種人又屬最多數，只因「不弘」、「不篤」即被貶入「世之有無此人，均不足為輕重」之境地，無乃太過乎！倘以是重責於人，則世間不知尚有多少人可得為人歟？況夫即便執德弘、信道篤，若非負國家重責大任者，世亦未必輕重之也。

竊以為「有」與「無」，皆指道德言。「為」猶「謂」也。「焉能為有？焉能為無？」言既不能謂其有道德，亦不能謂其無道德也。蓋德者，得也。行道有得於心，謂之有德，故德貴踐行。執德猶言持德，持德即踐行善德之謂也。此人踐行善德，不能弘大廣遠，信道不能堅定，故似有道德，亦似無道德也。是以子張曰：「焉能為有？焉能為無？」（譯成白話，即為：「怎能說他有道德呢？又怎能說他無道德呢？）

十六、吾友張也為難能也

論語子張篇：子游曰：「吾友張也，爲難能也，然而未仁。」

㈠何晏集解引包氏曰：「言子張容儀之難及。」

㈡皇侃義疏云：「張、子張也。子游言吾同志之友子張、容貌堂偉，難爲人所能及，故云爲難能也。」

㈢朱子集注曰：「子張行過高，而少誠實惻怛之意。」

按：此章「吾友張也」之「友」字，漢宋諸家皆訓爲朋友之友（名詞）。「爲難能也」，釋爲子張容貌堂偉，難爲人所能及。「然而未仁」，則謂子張少誠實惻怛之意，未能體仁也。此說易貽聖門自相貶斥之譏。且子張亦非未仁。尤以「容貌堂偉，難爲人所能及」一語，更涉詼諧。均不足取。

清王闓運（壬秋）論語訓曰：「友張，與子張友也；難能，才能難及。此篇多記子張之言，非貶子張未仁也。言己徒希其難，未及於仁。」王氏訓「友」爲「結交」（動詞）。可謂發前人所未發，較漢宋諸家爲長。惟「難能」訓爲「才能難及」，則全章文意，殊難貫通。

余以「吾友張也」之「友」，實應作「結交」解；「爲難能也」，應釋爲「實屬難能可貴也。」「然而未仁」，乃子游自責未能學其仁道之方也。蓋子張境界開闊，難以及之也。

大戴禮衛將軍文子篇：孔子言子張不弊百姓，以其仁爲大。又言其不伐，不侮可侮，不佚可佚。是知子張誠仁也。故下章謂「堂堂乎張也，難與並爲仁矣。」即可爲證。全章意謂：

子游曰：「吾與子張爲友，實屬難能可貴。然而其行仁境界開闊，吾未能及之也。」

十七、堂堂乎張也

論語子張篇：曾子曰：「堂堂乎張也，難與並爲仁矣。」

㈠何宴集解引鄭氏曰：「言子張容儀盛而於仁道薄也。」

㈡朱子集注云：「堂堂、容貌之盛。言其務外自高，不可輔而為仁；亦不能有以輔人之仁也。」

按：此章難解之處在於「堂堂」二字。宋儒沿鄭玄之說訓為「容貌之盛」。此說乃抑子張之言，謂張容貌雖盛，然仁行淺薄，難與並為仁也。

惟子張斷非不仁之人，已於上章「吾友張也」辯之詳矣。此章「堂堂」釋「容貌之盛」，前人已有不取。據皇疏引江熙云：「堂堂德宇，廣也。仁行之極也，難與並仁，蔭人上也。」是則江熙已謂子張之仁勝於人，故難與並也。又王闓運論語訓曰：「此亦言子張仁不可及也。難與並，不能比也。曾張友善如兄弟，非貶其堂堂也。」程樹德深然其說曰：「按子張少孔子四十八歲，在諸賢中年最少。他日成就如何，雖難可考，而其弟子有公明儀、申詳等，皆賢人也。其學派列為八儒之一，非寂寂無聞者也。集注喜貶抑聖門，其言固不可信，如舊注之說，子游曾子皆以子張為未仁，擯不與友，魯論又何必記之？吾人斷不應以後世講朱陸異同之心理推測古人。況曾子一生最為謹慎，有口不談人過之風，故知從前解釋皆誤也。王氏此論雖創解，實確解也。」程氏為子張辯誣，說最透徹。

然王氏雖否定「難與並爲仁」爲抑子張之言，對「堂堂」一詞，尚無界說，似亦認堂堂指容貌言。余意「堂堂」如指容貌，實與下文風馬牛不相及。廣雅釋詁曰：「堂，明也。」是則堂堂，猶言正大光明也。「與」，猶「以」也。中庸曰：「知遠之近，知風之自，知微之顯，可與入德矣。」與，同以。「並」，猶比也。荀子儒效篇：「俄而並乎堯舜。」並，解作「比」，可證。此章曾子讚子張行爲正大光明，一般人難以比其爲仁之弘也。如此訓解，似較貼切而可通。

（以上九章發表於孔孟月刊第三十四卷第五期、第一至第五頁。）

十八、行有餘力則以學文

論語學而篇：子曰：「弟子入則孝，出則弟，謹而信，汎愛眾，而親仁。行有餘力，則以學文。」

此章「行有餘力，則以學文」句，約有下列七說：

㈠鄭玄注云：「文，道藝也。」（正義曰：周官保氏養國子以道，乃教之六藝：一曰五禮、二曰六樂、三曰五射、四曰五馭、五曰六書、六曰九數。是藝爲六藝也。藝所以載道，故注道藝連文。）

(二)何晏集解馬曰：「文者，古之遺文。」

(三)邢昺疏曰：「此章明人以德爲本，學爲末。」

(四)朱子集注云：「餘力，猶言暇日以用也；文，謂詩書六藝之文。程子曰：『爲弟子之職，力有餘，則學文。不修其職而先文，非爲己之學也。』尹氏曰：『德行本也，文藝末也。窮其本末，知所先後，可以入德矣。』洪氏曰：『未有餘力而學文，則文滅其質；有餘力而不學文，則質勝而野。』愚謂：力行而不學文，則無以考聖賢之成法，識事理之當然，而所行或出於私意，非但失之於野而已。」

(五)劉逢祿論語述何曰：「文者字之始，誦法六經，先正聲音文字，謂小學也。」

(六)毛奇齡四書賸言云：「姚立方云：『文，字也。非詩書六藝之文。』言弟子稍閒使學字耳。」

(七)劉寶楠正義曰：「言有餘力學文，則無餘力不得學文可知。先之以孝弟諸行，而學文後之者，文有理誼，非童子所知。若教成人，則百行皆所當謹，非教術所能偏及。故惟冀其博文，以求自得之而已，此夫子四教，先文後行，與此言教弟子法異也。」

按：「行有餘力，則以學文」句，說者紛紜，莫衷一是。文，或謂文字之文；或謂文藝之文；或指六經；或指六藝。而朱子則云：「文謂詩書六藝之文。」近人多從朱注。余以朱子之說，良有可議之處。蓋詩書六藝，爲入德之學，弟子不論其有無餘力，皆當學之；學而有得，則以力行；力行不間，斯可有成。若俟行有餘力，然後學文（詩書六藝），無乃太遲乎？因其所指「行有餘力」，乃於「入孝、出弟、謹信、愛衆、親仁」之後，尚有餘力之謂也。弟子若行此等事而至於有餘力，則不知須曠時何久耶？待有餘力而後研習詩書六藝，無嫌其晚乎？小戴禮學記曰：「時過然後學，則勤苦而難成。」可證行有餘力，然後學詩書六藝之文，有違教育原理也。反之，弟子如能潛心研習詩書六藝，則於孝弟、謹信、愛衆、親仁諸端，自能明其理所當然而奉行不輟也。此乃教育變化氣質之功，不俟煩言也。

朱子於此，亦有所疑，故引洪氏曰：「未有餘力而學文，則文滅其質；有餘力而不學文，則質勝而野。」愚（朱子）謂：「力行而不學文，則無以考聖賢之成法，識事理之當然，而所行或出於私意，非但失之於野而已。」朱子之意，乃學足以輔其行，徒行而不學，未知其可也。然履軒對於朱子此論，復有所評曰：「不考成法，不識事理，則雖爲善，而有弗可得者。猶持無星之稱，欲以定物之輕重也。縱令其人篤實公道，毫無私情，亦無益也。此其智不足故耳，豈可一概貶以私意哉？宋代天理人欲之說盛，苟不合於道理者，皆歸罪於私意，恐未允。」至朱子注「文謂詩書六藝之文」，以六藝附諸詩書之後，日人竹添光鴻論語會箋亦非之云：「若周官之六藝，則禮樂射御書數，司徒以之教萬民，保氏以之養國子，豈必異能之士哉？此注（指集注）謂詩書六藝之文，六藝本屬射御等，而以此爲文加於詩書之後，非也。」是知朱子所注，未符聖人本旨也。

至於劉逢祿所謂「文者字之始，誦法六經，先正聲音文字，謂小學也」。及毛奇齡引姚立方云：「文，字也。……言弟子稍閒使學字耳」。益不可從。蓋六經爲修己治人之學，讀之乃知入孝、出弟、謹信、愛衆、親仁之重要，而力行之。而識字又爲讀六經之初階，孩童時代即須學之矣。豈有行以上諸德而有餘力，然後識字學文之理乎？劉、姚之說非也。

又述而篇曰：「子以四教：文、行、忠、信。」文指詩書禮樂等典籍；行指行爲品德。孔子以此四者教人，亦先文後行也。何以此處復謂「行有餘力，則以學文」哉？讀論至此，豈能無疑乎！此章之疑義在「文」字，余以為「行有餘力，則以學文」之「文」，當作「典章制度」解。論語用「文」字而屬此義者凡數見：

一、八佾：「郁郁乎文哉！吾從周。」

二、泰伯：「煥乎！其有文章。」

三、子罕：「文王既沒，文不在茲乎？」

按以上三「文」字，皆典章制度之謂也。「行有餘力，則以學文」之文，亦應作「典章制度」解。此乃孔子教其弟子先行孝弟、謹信、愛衆、親仁，然後學習典章制度之謂也。典章制度為從政者所必學，孔門弟子皆有治平之志，（子曰：「三年學，不志於穀，不易得也。」可證。）故孜孜於學文（典章制度）。然孔子以為孝弟、謹信、愛衆、親仁諸端為本，典章制度為末也。「自天子以至於庶人，壹是皆以修身為本。」本不立，而欲恃其研習典章制度以從政，烏乎可？不將誤國誤民乎！是以夫子諭其弟子曰：「行有餘力，則以學文」。

十九、無友不如己者

論語學而篇：子曰：「君子不重，則不威；學，則不固；主忠信，無友不如己者；過，則勿憚改。」

此章「無友不如己者」句，古有下列諸說：

一、朱子集注云：「無毋通，禁止辭也。友所以輔仁，不如己則無益而有損。」

二、劉寶楠正義曰：「曾子制言中吾不仁，其人雖獨也，吾弗親也。故周公曰：『不如我者，吾不與處，損我者也；與吾等者，吾不與處，無益我者也；吾所與處者，必賢於我。』由曾子及周公言觀之，則不如己者，即不仁之人。夫子不欲深斥，故祇言不如己而已。呂氏春秋驕恣篇引由咫曰：『能自爲取師者王，能自爲取友者存，其所擇而莫如己者亡。』群書治要引中論曰：『君子不友不如己者，非羞彼而大我也。不如己者，須己慎者也。然則扶人不暇，將誰相我哉？吾之僨也，亦無日矣。』又韓詩外傳南假子曰：『夫高比，所以廣德也；下比，所以狹行也。比於善者，自進之階；比於惡者，自退之原也。』諸文並足發明此言之旨。」

以上諸家皆釋「無友不如己者」為「無與劣於己者為友也。」

三、陳天祥四書辨疑引東坡云：「如，似也。南北廣韻中原韻略：如又訓均。如己者德同道合，自然相友。孟子曰：『一鄉之善士，斯友一鄉之善士；一國之善士，斯友一國之善士；天下之善士，斯友天下之善士。』此皆友其如己者也。」蘇氏訓如為似，認應與己相若者為友也。

按：「無友不如己者」句，解者皆遵朱注。即謂毋交不如己者之友也。然此解恐有違聖人之意。蓋若我勝於人，則不與人交；人勝於我，則不與我交；上焉者不交中焉者，中焉者不交下焉者，如是，則所交者為何如人耶？故東坡曰：「如必勝己而後友，則勝己者亦不與吾友矣。」若謂上交上者，下交下者，則無乃太偏狹乎？且所謂如我不如我者，何所指而云然？人之短長，在所不免，或我之道德勝於人；或人之學問勝於我。而學問之中又有短長，或文科我勝於人；或理科人勝於我，未可一概而論也。交友貴乎知心，取其益己，孔子曰：「友直、友諒、友多聞，益矣！」然所謂如我者，未必有益於我也；不如我者，未必無益於我也。論語公冶長篇：子曰：「晏平仲，善與人交，久而敬之。」晏子交友敦禮重信，故人能「久而敬之」。然所交之友，未必盡勝己也。

朱子曰：「或謂必勝己而後友，則勝己者又當視我爲不勝己而不吾友。夫所謂無友者，特不就而求之爲友耳。」此雖有所辯，然亦自知其注不無瑕疵耳。

論語子張篇：子夏之門人，問交於子張。子張曰：「子夏云何？」對曰：「子夏曰：『可者與之，其不可者拒之』。（按：此謂可交者交之，不可交者拒之。並無如我者交之，不如我者拒之之意。）子張曰：「異乎吾所聞，君子尊賢而容衆；嘉善而不矜不能。我之大賢歟，於人何所不容？我之不賢歟，人將拒我，如之何其拒人也？」子張論交友之方，正與孔子汎愛衆之旨相合。故「無友不如己者」，不應解爲「毋交不如己者之友」也。

然則「無友不如己者」句，當作何解耶？鄙意以爲「主忠信」，乃親近忠信之士也。（按集解鄭玄注：「主，親也。」可從。）「無友不如己者」，謂無有不如己者之友也。（按：無，有無之無；友，朋友之友。名詞，非動詞。）全句「主忠信，無友不如己者」，意謂：

> 弟子如能親近忠信之士，則所交之人，自無不如己者之友也。

主忠信，爲因；無友不如己者，爲果。全章句法皆類此。此種句法，作者姑且名之爲「因果句」。茲將全章語譯如下：

孔子說：「君子如不厚重，就不威嚴；好學，就不固蔽；親近忠信之士，那麼所交往的人，就沒有不如自己的朋友了；有過就要改，不要怕困難。」

觀乎全章句法，每句皆用一連接詞「則」字，獨「主忠信，無友不如己者」句中無「則」字，疑脫。

二十、先行其言而後從之

論語爲政篇：子貢問君子。子曰：「先行，其言而後從之。」

一、何晏集解引孔曰：「疾小人多言而行之不周。」

二、皇侃義疏云：「若言而不行，則爲辭費，君子所恥也。」

三、朱子集注引周氏曰：「先行其言者，行之於未言之前；而後從之者，言之於既行之後。」

按：「先行其言而後從之」句，古本固無標點，集解、皇疏亦未注明句讀。至朱子集注乃於「先行其言」斷句，今本皆從朱注。余以言者，乃口發聲以宣意也。既謂「先行其言」，則其已言也可知。若謂「未言之前」，則應曰：「先行其意」不應曰「先行其言」也。故應於「先行」斷句，「其言」屬下讀。全文句讀爲：「先行，其言而後從之。」

二十餘年來，余於教學本章時，皆如此斷句。近讀程樹德論語集釋引夢溪筆談，郝敬論語詳解，皆於「先行」爲句。空谷足音，喜不自勝。

二一、邦有道不廢

論語公冶長篇：子謂南容：「邦有道，不廢；邦無道，免於刑戮。」以其兄之子妻之。

一、何晏集解引王氏曰：「不廢，言見任用也。」

二、朱子集注云：「不廢，言必見用也。」

按：此章「不廢」二字，朱注沿集解之說，謂「必見用也。」亦即不被廢置之意。

惟「不廢」在人，「免於刑戮」在己。章法似有不合。考論語全書用此句法者，皆以自身爲主體，上下一貫。如：

「邦有道則知；邦無道則愚。」（公冶長）

「邦有道，貧且賤焉，恥也；邦無道，富且貴焉，恥也。」（泰伯）

「邦有道，穀；邦無道，穀，恥也。」（憲問）

「邦有道如矢；邦無道如矢。」（衛靈公）

「邦有道則仕；邦無道則可卷而懷之。」（衛靈公）

上列各句，正反皆屬一人之所爲，無自動被動混用之例。故「邦有道，不廢」之「不廢」，疑應釋爲「不廢其道業。」「不廢道業」在己；「免於刑戮」亦在己。似此語意，方與上舉論語各章句法相合。雍也篇：冉求曰：「非不說子之道，力不足也。」子曰：「力不足者，中道而廢，今女畫。」中道而廢之「廢」字，正爲本章「不廢」之「廢」字之注腳。蓋南容「三復白圭」；又謂：「羿善射，奡盪舟，俱不得其死然；禹稷躬稼而有天下。」夫子嘉其「君子哉！若人。尙德哉！若人。」是知南容爲一謹言愼行、惟德是尙之君子。孔子斷其邦有道，必不廢其道業；邦無道，則可免於刑戮。故欣然爲其主婚，以其兄之女妻之。至見用不見用，乃其餘事耳。

二二、犁牛之子

論語雍也篇：子謂仲弓曰：「犁牛之子，騂且角；雖欲勿用，山川其舍諸？」

一、何晏集解云：「犁，雜文也。騂，赤色也。角者，角周正，中犧牲也。雖欲勿用，以其所生，犁而勿用，山川寧肯舍之乎？言父雖不善，不害於子之美也。」

二、朱子集注曰：「犁，雜文。騂，赤色；周人尚赤，牲用騂。角，角周正中，犧牲也。用，用以祭也。山川，山川之神也。言人雖不用，神必不舍也。仲弓父賤而行惡，故夫子以此譬之，言父之惡，不能廢其子之善。如仲弓之賢，自當見用於世也。然此論仲弓云爾，非與仲弓言也。」

三、論衡自紀篇云：「母犁犢騂，無害犧牲；祖濁裔清，不妨奇人；鯀惡禹聖，叟頑舜神；伯牛寢疾，仲弓潔全；顏路庸固，回傑超倫；孔墨祖愚，丘翟聖賢。」（王氏以伯牛為仲弓父。）

按：此章「犁牛之子」究何所指？古今聚訟，說甚繁駁。史記弟子列傳云：「仲弓父賤人」。家語謂「仲弓之父行惡」。然皆未言其所以賤與惡之故。史記，殆因傅會耕犁之意而發；家語謂仲弓生於不肖之父，似又緣雜文之訓而遷就其說。雜文之訓始於揚雄，高誘解淮南；王肅撰家語，一皆承用。小爾雅爲王肅等所僞託，故亦云然，均不足信。王充論衡自紀篇竟謂「鯀惡禹聖；叟頑舜神；伯牛寢疾，仲弓潔全。」直指仲弓爲伯牛之子，尤非。

蓋伯牛、仲弓，同列於德行之科，伯牛寢疾，孔子猶執其手而痛惜曰：「斯人也，而有斯疾也！斯人也，而有斯疾也！」如伯牛之德之賢者，謂其人賤猶無不可。（賤，微賤也。雖聖如孔子，猶自稱「吾少也賤」。然無損其爲聖人也。）謂其行惡，豈得平乎？是仲弓之父非伯牛明矣。

余意此章「子謂仲弓」，乃孔子與仲弓泛論用人之道耳。（朱注謂「此論仲弓云爾，非與仲弓言也」。不可從。）「犁牛之子，騂且角。」爲設譬之辭。言耕牛所生之犢，其色純赤，其角周正。「雖欲勿用，山川其舍諸？」言雖欲不用之於郊祀，然山川之神，亦豈得而舍之乎？此言人如確有才具，必不被埋沒也。乃泛論古今之人，非指仲弓也。

孔子曾謂仲弓可使南面，後仲弓爲季氏宰，問孔子「焉知賢才而舉之？」子曰：「舉爾所知，爾所不知，人其舍諸？」（子路上）與此章意合。其餘各論，前人之言多矣，茲不贅。

二三、伯牛有疾

論語雍也篇：伯牛有疾。子問之，自牖執其手。曰：「亡之！命矣夫！斯人也。而有斯疾也！斯人也，而有斯疾也！」

一、何晏集解引馬氏曰：「伯牛，弟子冉耕。」包曰：「牛有惡疾，不欲見人，故孔子從牖執其手也。」孔曰：「亡，喪也。疾甚，故持其手曰喪之。」

二、朱子集注云：「伯牛，孔子弟子，姓冉名耕。有疾，先儒以爲癩也。牖，南牖也。禮：病者居北牖下，君視之則遷於南牖下，使君得以南面視己。時伯牛家以此禮尊孔子，孔子不敢當，故不入其室，而自牖執其手，蓋與之永訣也。」又曰：「命，謂天命。言此人不應有此疾，而今乃有之，是乃天之所命也。」

按：此章疑義有三：一曰「伯牛有疾」之「疾」；二曰「自牖執其手」之「牖」；三曰「亡之」之「亡」。茲分釋如次：

㈠「伯牛有疾」之「疾」，究爲何疾？史記弟子列傳云：「伯牛有惡疾。」淮南子精神訓曰：「伯牛爲厲。」厲即癘之省。說文云：「癘，惡疾也。」按：古以惡疾爲癩。群經義證曰：「厲癩，聲相近也。」史記豫讓傳：「漆身爲厲。」注音賴。索隱曰：「賴，惡瘡病也。」邢疏引淮南子，厲直作癩。是伯牛有疾之「疾」，先儒據史記與淮南子訓爲「癩」也。惟癩乃南方之疾，北方無之。

程樹德論語集釋曰：「按伯牛患癩，漢儒舊說如此。然余不能無疑者，癩惟熱帶之地有之，今閩廣多患此者。冉牛魯人，地居北方，不應得此疾。一可疑也；患癩不過殘廢，不必致死。今曰『亡之』，有當時即死之意。此必患暴病，卒不可救，故作此言。此以語氣上觀之，而知其決非癩也。二可疑也；癩係一種傳染病，患者腥穢觸鼻，斷無與病人執手之理。三可疑也。然則冉牛究患何疾乎？考癩疾之說，本於淮南，淮南子精神訓曰：『子夏失明，伯牛爲厲。』厲癘通。漢儒多釋爲癩。如尸子胥餘漆身爲厲；史記刺客傳豫讓漆身爲厲；范睢傳箕子接輿漆身爲厲。考內經素問，風熱客於脈不去名曰厲，或名口熱。是厲爲熱病之名。凡熱病在春曰瘟；在夏曰暑；在秋曰疫；在冬曰厲。伯牛之疾，即冬厲也。漢人以癩釋之，失其旨矣。」程氏據醫理立說，考證週詳，可補舊注之失。

(二)「自牖執其手」之「牖」。朱注云：「牖，南牖也。禮，病者居北牖下，君視之則遷於南牖下，使君得以南面視己。時伯牛家以此禮尊孔子，孔子不敢當，故不入其室，而自牖執其手，蓋與之永訣也。」按朱注之說有嫌迂曲。伯牛家何故以此尊孔子，亦不可考。陳天祥四書辨疑曰：「然以人情推之，伯牛純正之士，不必如此輕率，妄使家人僭以人君之禮過尊孔子也。縱使有之，孔子必正其失，使之更改其位，亦不難爲。」朱彝尊曰：「齊魯之間，土床皆築於南牖下，夫子遂從牖執手視之。朱注乃曲爲之說，良以紫陽南人，不知北俗也。」是「自牖執其手」者，乃伯牛患惡疾，（依程說乃患冬厲，冬厲亦傳染病之一，可稱惡疾。）不欲見人，蓋恐他人染之也。而夫子因師弟情深，不忌被染，仍自牖執其手以探視之也。

(三)「亡之」之「亡」，集解訓爲喪也。朱注則曰：「言此人不應有此疾，而今乃有之，是乃天之所命也。」訓亡爲無。吳英經句說，亦讀亡爲無，謂無是理也，與朱注略同。漢書宣五王傳：「夫子所痛曰：蔑之，命矣夫！」顏師古注引論云云，蔑，無也。是又以「亡」作「無」。新序亦言「君子聞之曰：末之命矣乎！」末、蔑同爲無也。皆可證。惟朱子雖訓「亡」爲「無」，謂無是理也。然解「命矣夫！」爲「是乃天之所命也。」亦非切當。按江聲論語竢質曰：「孔子聖無不通，焉有不知醫者？執其手者，切其脈也。既切脈而知其疾不治，故曰：『亡之！命矣夫！』」觀諸鄉黨篇康子饋藥，孔子拜而受之，曰：「丘未達，不敢嘗。」之記載，可信孔子知醫。江氏之說是也。

綜上論析，則「亡之，命矣夫！」應釋爲：夫子執伯牛之手，切其脈，知疾將不治，歎曰：「無救矣！此爲命中之劫數也。」茲將全章語譯如下：

「伯牛患癘疾，孔子去探問他。以師弟情深，不怕受感染，自牖中牽他的手、切他的脈，知道這病不會好了，感傷地說道：『沒法子救了！這是命中的劫數啊！像這樣的好人，怎麼會害這種惡疾呢！像這樣的好人，怎麼會害這種惡疾呢！』」

二四、予所否者天厭之

論語雍也篇：子見南子，子路不說。夫子矢之曰：「予所否者，天厭之！天厭之！」

一、何晏集解曰：「孔安國等以爲南子者，衛靈公夫人，淫亂，而靈公惑之。孔子見之者，欲因而說靈公使行治道。矢，誓也。子路不說，故夫子誓之。行道既非婦人之事，而弟子不說，與之祝誓，義可疑焉。」

二、邢昺注疏云：「此誓辭也。予，我也；否，不也；厭，棄也。言我見南子，所不爲求行治道者，願天厭棄我。再言之者，重其誓，欲使信之也。」

三、朱子集注云：「南子，衛靈公之夫人，有淫行。孔子至衛，南子請見，孔子辭謝，不得已而見之。蓋古者仕於其國，有見其小君之禮。而子路以此淫亂之人爲辱，故不說。矢，誓也；所以誓辭也。如云所不與崔慶者之類。否，謂不合於禮，不由於道也。厭，棄絕也。聖人道大德全，無可不可，其見惡人，固謂在我有可見之禮，則彼之不善，我何與焉？然此豈子路所能測哉？故重言以誓之，欲其姑信此而深思以得之也。」

四、劉寶楠正義云：「南子雖淫亂，然有知人之明，故於蘧伯玉、孔子，皆特致敬。其請見孔子，非無欲用孔子之意。子路亦疑夫子此見爲將詘身行道，而於心不說。正猶公山弗擾佛肸召，子欲往，子路皆不說之比。非因南子淫亂而有此疑也。夫子知子路不說，故告以予若固執不見，則必觸南子之怒而厭我矣。天即指南子。」

按：此章古來注家皆不嫌辭費以釋議之，蓋「夫子矢之曰：予所否者，天厭之！天厭之！」一語頗耐人尋味故也。考「矢」字舊說皆訓「誓也」；「否」字則有「不」及「否塞」二訓；「天」字或指「天命」、或指「南子」。綜貫全章之訓，則有如下數說：

㈠子見南子，子路不悅。夫子誓之曰：「我見南子，所不爲求行治道者，願天厭棄我，願天厭棄我！」（集解、邢疏之說）

㈡子見南子，子路不悅。夫子誓之曰：「我見南子，如不合於禮、不由於道，天將棄絕我，天將棄絕我。」（朱子集注之說）

㈢子見南子，子路不悅。夫子誓之曰：「我若固執不見南子，必觸南子之怒而厭棄我也。」（劉寶楠正義之說）

㈣子見南子，子路不悅。夫子誓之曰：「我之否塞，乃天命所厭也！」（邢疏引欒

肇之說）

「矢」訓「誓」，固有所本。如爾雅釋言，矢，誓也；周易虞翻注：矢，誓也。惟趙翼陔餘叢考曰：「聖賢師弟之間，相知有素，子路豈以夫子見此淫亂之人爲足以相浼而慍於心？即以此相疑，夫子亦何必設誓以自表白，類乎兒女之詛咒者。」故夫子與門弟子發誓，似不近情理。而「予所否者」之「否」，訓爲「否塞」，言予之否塞者，乃天之所厭故也。亦與子見南子，子路不悅之事無涉。雖劉寶楠謂「夫子知子路不悅，故告以予若固執不見，則必觸南子之怒而厭我矣。」較他說近是。然劉氏卻以「天即指南子」，實語嫌不經。故「夫子矢之曰」以下各句，諸注皆失之。

余尋思此章之旨，殆屬孔子責子路之言。「矢之」應釋爲「直率言之」。衛靈公篇：「直哉！史魚。邦有道如矢，邦無道如矢。」朱注：「如矢，言直也。」可證。「否」，即臧否人物之「否」。「予所否者」，猶言「予所認爲惡劣之人」；「厭」，厭惡也。茲將全章語譯如下：

孔子會見南子，子路認爲見這淫亂的人是一種恥辱，所以很不高興。孔子知道子路不明事理，誤會他的意思，因此氣急而直率地說：「我所認爲惡劣的人（指子路），天也會厭惡他！天也會厭惡他！」

二五、吾知免夫

論語泰伯篇：曾子有疾，召門弟子曰：「啓予足，啓予手。詩云：『戰戰兢兢，如臨深淵，如履薄冰。』而今而後，吾知免夫，小子！」

「吾知免夫」句，前人之注如下：

一、何晏集解引周曰：「乃今日後，我自知免於患難矣。」

劉寶楠正義云：「曾子知未有毀傷，自今日後，當無有患難致毀傷矣。患難，謂刑辱顛隕之事。」

二、朱子集注云：「至於將死，而後知其得免於毀傷也。」又引程子曰：「君子保其身以沒，爲終其事也。故曾子以全歸爲免矣。」

按：此章「吾知免夫」之「免」字，集解謂「免於患難」。劉寶楠引申其義曰：「當無有患難致毀傷矣。」惟身體髮膚，未必因患難始得而毀傷之也。故朱子乃直言「而後知其得免於毀傷也。」朱注較集解爲長，然猶不免失之。蓋曾子臨終召門弟子視其手足，幸其得以全歸，而猶言今而後吾知得免於毀傷矣。生前手足完好，死後自可免於刑辱、患難而致毀傷，此乃必然之事，何必言之？言則贅矣！故「吾知免夫」之「免」字，余以爲應作「免除不孝之罪」解。孝經開宗明義章孔子示曾子曰：「身體髮膚，受之父母，不敢毀傷，孝之始也。」曾子對行孝以保身爲本之訓，拳拳服膺，一生不敢或忘。臨終呼門人視其手足，幸無毀傷，蓋棺論定，知此生可免不孝之罪矣。故曰：「而今而後，吾知免夫。小子！」

又保身如不修身，雖未毀傷身體，亦不得美之曰孝。修身所以保身，雖捐軀隕命，亦可全孝。故殺身成仁，舍生取義者，未始非孝也。反身錄云：「手不舉非義，足不蹈非禮，循理盡道，方是不毀傷之實。平日戰兢恪守，固是不毀傷，即不幸而遇大難，臨大節，如伯奇、孝己、伯邑考、申生死於孝；關龍逢、文天祥之身首異處；比干剖心，孫揆鋸身；方孝儒、鐵鉉、景清、黃子澄、練子寧諸公，寸寸磔裂，死於忠，亦是保身不毀傷。若舍修身而言不毀傷，則孔光、胡廣、蘇味道之模稜取容；褚淵、馮道及明末諸臣之臨難苟免，亦可謂保身矣。虧體辱親，其爲毀傷，孰大於是？」可證不毀傷體膚，未必曰孝。惟曾子親親仁民，以孝聞於世，除身體髮膚，不敢毀傷者外，尚能立身行道，以顯父母。故於臨終之時，以可免不孝之罪而自慰，不亦宜乎？

二六、興於詩立於禮成於樂

論語泰伯篇：子曰：「興於詩，立於禮，成於樂。」

一、何晏集解引包氏曰：「興，起也。言修身當先學詩；禮者，所以立身；樂所以成性。」

二、朱子集注云：「詩本性情，有邪有正，其為言既易知，而吟詠之間，抑揚反覆，其感人又易入。故學者之初，所以興起其好善惡惡之心，而不能自已者，必於此而得之。禮以恭敬辭遜為本。而有節文度數之詳，可以固人肌膚之會，筋骸之束。故學者之中，所以能卓然自立，而不為事物之所搖奪者，必於此而得之。樂有五音十二律，更唱迭和，以為歌舞八音之節，可以養人之性情，而蕩滌其邪穢，消融其渣滓，故學者之終，所以至於義精仁熟，而自和順於道德者，必於此而得之，是學之成也。」

按：此章「興於詩」句，朱注曰：「詩有邪有正，其感人又易入，故學者之初，所以興起其好善惡惡之心。余以爲此說殊可疑之。蓋「興於詩」之「興」字，與陽貨篇「詩可以興」之「興」字同義。「詩可以興」之「興」字，獨訓爲「興起其好善惡惡之心」耶？此可疑者一也。而云詩有邪有正，其邪者當指國風諸淫詩言。鄭浩論語集注述要曰：「古人歌詩舞蹈，自初學即以習之。春秋教以禮樂；冬夏教以詩書。固自周初遠古而來也。集注所謂詩有善有惡者，當指國風諸淫詩言。此等詩，考其年代，不過入春秋後始有之。古人列於學宮，原無此等之詩。以先王所以不教之淫詩而爲加入學課，曰恐學者知勸善不知懲惡。知夫子必不然矣。然而三百篇中明明有淫詩者何也？曰淫詩惟風有之。風者天子命輶軒之所採，欲以知其國政俗之善惡而加獎懲者。故善惡幷陳，而備存於册府。其不善者，流於民間誠有之，頒之學宮則未聞。孟子曰：『王者之跡熄而詩亡，詩亡而後春秋作。』是入春秋後已爲詩亡之時。則幷存於册府而無有也。故知論語所謂學詩，所謂興於詩，必除諸淫詩外，指其正者而言。其諸淫詩，當如天子採錄，備以知其美惡得失，非即以其宣淫之語，端人正士所不樂聞者，令諸學者朝夕諷誦，嘵聒於先生長者之前也。」鄭氏之言，良爲有見。是朱注所指邪詩，當爲存諸册府之詩，而非頒之學宮之詩，朱子未加深究，致有此誤，此可疑者二也。

余以爲興於詩者，乃謂詩可「感發意志，」助人振作興起也；（如詩之教忠，則可興於忠；詩之教孝，則可興於孝；詩之教義，則可興於義；詩之教慈，則可興於慈。）立於禮者，乃謂禮爲視聽言動之節文，學禮始可立身於人群社會之間；（故季氏篇曰：「不學禮無以立」，堯曰篇云：「不知禮無以立也。」）成於樂者，乃謂樂能涵養性情，成就高尚人格也。詩、禮、樂爲夫子作育英才之三種重要課程；先興之以詩；次立之以禮；後成之以樂。

大戴禮衛將軍文子篇曰：「吾聞夫子之施教也，先以詩；世道者孝弟，說之以義，而視諸體，成之以文德。蓋入室升堂，七十有餘人；體者，禮也；文德者，樂也。入室升堂則能興能立能成者也。」可與此章互參。夫子之被尊爲「至聖先師」，孟子之歎「自生民以來，未有盛於孔子也。」良非溢美之辭也。

二七、不能專對

論語子路篇：子曰：「誦詩三百，授之以政，不達；使於四方，不能專對，雖多，亦奚以爲？」

一、何晏集解曰：「專，猶獨也。」

二、朱子集注云：「專，獨也。詩本人情，該物理，可以驗風俗之盛衰，見政治之得失。其言溫厚和平；長於風諭，故誦之者必達於政而能言也。」

三、閻若璩釋地又續曰：「專，擅也。即公羊傳：『聘禮，大夫受命，不受辭；出竟（境），有可以安社稷，利國家者，則專之可也。』」

按：不能專對之「專」字，集解、朱注皆訓爲獨，閻若璩訓爲擅，擅猶獨也，惟較獨義顯。不能專對，意謂不能擅自出言以應對也。故閻氏又引公羊傳之言以爲證曰：「聘禮，大夫受命，不受辭。」惟大夫受命不受辭，乃大夫受君命聘於他國，不受賓主對答之辭。蓋出使異國，應對該國國君或官員之時，辭無定準，不知對方將出何言？我將如何對之？均應由使者隨機應付（除有重大之專案者外），不能一概由本國國君預作指示也。故謂之「不受辭」。此爲使者應答之權限，而非「不能專對」之眞義也。

觀此章「不能專對」句，乃承上「誦詩三百」而言。專對之對，乃擇三百篇之句以應對也。春秋左氏傳謂朝聘會盟之時，皆須賦詩（詩經之句）以見志。漢書藝文志亦云「登高能賦，可以爲大夫。」登高，即登會盟之壇；能賦，謂能賦詩也。可知詩經爲春秋戰國時代應對辭令之本，故夫子曰：「不學詩，無以言。」此「不能專對」，係指不能引用詩句，應對得體，不亢不卑，引詩適當，而非一辭莫措「不能擅獨應對也」。

儀禮聘禮記曰：「辭無常，孫而說。」孫（遜）而說（悅），即善專對之能力與儀態也。宦懋庸論語稽云：「春秋專對之才，如甯俞不答彤弓湛露，穆叔不拜肆夏文王；叔弓之辭郊勞致館，韓獻子之稱易象春秋。范宣子追念襄王，謹其官守；西乞術徵福周公，致其瑞節。國莊子將事克敏，見稱於臧孫，叔孫豹式禮無愆，受賜於周室。他如七子言志，六卿餞客；子犯之讓趙衰，叔向之屈子木，皆其最著者也。若高厚歌詩之不類，伯有賦鶉奔之失倫；華定不解蓼蕭，慶封不知相鼠。適足以辱國而召釁耳。」宦氏旁徵博引，言之詳矣。可見專對之「專」，非「獨」也。

是以「不能專對」之「專」字，余認爲應訓爲「精當」之「精」。「不能專對」，即「不能精於應對」也。如此索解，似較合此章眞義。

（以上十章發表於孔孟學報第七十二期第七十九至九十三頁。）

二八、賢賢易色

論語學而篇：子夏曰：「賢賢易色；事父母能竭其力；事君能致其身；與朋友交，言而有信。雖曰未學，吾必謂之學矣。」

此章「賢賢易色」句，古有以下不同之數說：

(一)何晏集解孔曰：「易色，言以好色之心好賢，則善也。」

(二)皇侃義疏云：「凡人之情，莫不好色而不好賢。今若有人能改易好色之心，以好於賢，則此人便是賢於賢者，故云賢賢易色也。」

(三)朱子集注云：「賢人之賢而易其好色之心，好善有誠也。」

以上諸說，皆訓易爲改易、變易之易。

(四)漢書李尋傳引此文，顏師古注：「易色，輕略於色，不貴之也。」公羊文十二年傳：「俾君子易怠」。何休注：「易怠，猶輕惰也。」此訓易爲輕略之義。

(五)廣雅釋言云：「易，如也。」王念孫疏證引之云：「論語賢賢易色，易者，如也。

猶言好德如好色也。」此訓易爲如也。

按：「賢賢易色」句，今人多取集解、朱注。謂「以好色之心好賢則善」；「賢人之賢而易其好色之心也。」惟人之好色，果如孟子所云：「食、色，性也。」孔子曰：「吾未見好德如好色者也。」則雖賢人，亦不能免。縱使「賢賢」，豈能「易色」？若人性非好色，則胡爲乎「易色」？是集解、朱注之言，未合情理也。

余以「賢賢」二字，可作親慕賢人解；易，如也（取廣雅釋言之訓）。色，即爲政篇「色難」之色；季氏篇「色思溫」之色。意即和顏悅色也。論語述而篇：「子溫而厲；威而不猛；恭而安。」子張篇：「子夏曰：『君子有三變；望之儼然；即之也溫；聽其言也厲。』」可爲佐證。君子色溫貌恭，容止斯文，可資取法。常人如能欽慕賢人，效其溫恭之色；事父母能竭力以赴；事君能獻其身；交友能言而有信，雖曰未學，亦可謂之學矣。是以子夏有斯言也。

二九、君子欲訥於言

論語里仁篇：子曰「君子欲訥於言，而敏於行。」

一、何晏集解引包曰：「訥，遲鈍也。言從遲而行欲速。」

二、朱子集注引謝氏曰：「放言易，故欲訥；力行難，故欲敏。」

三、釋文引鄭注云：「言欲難。」

按：此章「君子欲訥於言」之「訥」字，集解包曰：「訥，遲鈍也。」然「遲鈍」乃質魯之意，此屬先天之缺陷，不由人之所「欲」也。故「欲訥於言」釋爲「言語要遲鈍」，似有未妥。余以「訥」字，說文曰：「言難也。」應引伸爲「言語遲緩，若難以出口然。」「言語遲緩」，即言辭謹愼之意。故「欲訥於言」應解釋爲「說話須謹愼」。此章與學而篇「敏於事而愼於言」句，經意全同。

三十、無道則隱

論語泰伯篇：子曰：「篤信好學，守死善道。危邦不入，亂邦不居。天下有道則見；無道則隱。邦有道，貧且賤焉，恥也；邦無道，富且貴焉，恥也。」

一、朱子集注曰：「天下，舉一世而言。無道則隱其身而不見也。」

二、劉寶楠正義云：「孟子盡心云：『天下有道，以道殉身；天下無道，以身殉道。未聞以道殉乎人者也。』趙岐注：『天下有道，得行王政；天下無道，道不得行。以身從道，守道而隱。不聞以正道從俗人也。』即此有道則見；無道則隱之義。」

按：「天下有道則見」之見，指出仕而言。「無道則隱」之「隱」，指不出仕而言。非隱居山林遁世之謂也。天下有道，當居官食祿，忠貞謀國；無道，當潔身獨善，退隱避亂。下云「邦有道，貧且賤焉，恥也；邦無道，富且貴焉，恥也。」與憲問篇「邦有道，穀；邦無道，穀，恥也。」義同。

或謂孔子既言「天下有道則見，無道則隱。」何以微子篇又云：「鳥獸不可與同群，吾非斯人之徒與而誰與？天下有道丘不與易也。」（朱注曰：「言所當與同群者斯人而已。豈可絕人逃世以爲潔哉？天下若已平治，則我無用變易之。正爲天下無道，故欲以道易之耳。」又引張子曰：「聖人之仁，不以無道必天下而棄之也。」）寧非自相矛盾乎？余以孔子進退出處之道，無適也，無莫也，義之與比。義苟可進，雖亂亦進；義苟可退，雖治亦退。故孔子於微子篇逸民章則曰：「我則異於是，無可無不可。」無怪乎孟子讚之曰：「可以速而速，可以久而久，可以處而處，可以仕而仕，孔子也。」此聖人之異乎常人者也，夫何自相矛盾之有？

三一、齊必變食

論語鄉黨篇：齊必變食；居必遷坐。

一、何晏集解引孔氏曰：「改常饌，易常處。」

二、皇侃義疏引范甯云：「齊以敬潔為主，以期神明之享，故改常之食，遷居齊室也。」

三、朱注曰：「變食，謂不飲酒、不茹葷；遷坐，易常處也。（此一節記孔子謹齊之事）。」

按：此章「齊必變食」句，集解僅謂「改常饌。」皇疏云：「改常之食」，所謂「改常之食」，諒指下言「色惡不食、臭惡不食、失飪不食、不時不食」之類。（按「齊必變食；居必遷坐」兩句，古注合下「食不厭精」為一章。）惟未言應忌何食？至朱子始明言「變食，謂不飲酒、不茹葷。」朱子此言沿莊子之說，惟與下文「割不正不食」及「沽酒市脯不食」各節合觀，義不可解。

錢坫論語後錄云：「周禮膳夫王日一舉注：『王日一舉，以朝食也。鄭司農曰齊必變食。』按古者一日之中三時，朝日中夕也。日一舉者，謂朝也。殺牲盛饌曰舉。朝舉，則日中及夕餕其餘矣。唯齊日三舉，改常饌更而新之。齊者潔清之義也，所謂變食是。後儒以爲變其所常食，取莊子不飲酒、不茹葷當之，失之矣。」周柄中四書典故辨正云：「說文：葷，臭菜也。通謂芸、臺、椿、韭、蒜、蔥之屬。其氣不潔，故不茹之，非不食肉之謂。」劉氏正義曰：「莊子人間世：『顏子曰：回之家貧，惟不飲酒，不茹葷者數月矣。若此，則可以爲齊乎？曰：是祭祀之齊，非心齊也。』據周語言：『耕籍前五日，五入齊宮飲醴。』醴味醇淡，與酒不同。故莊子言不飲酒也。不茹葷者，禮玉藻注：『葷者，薑及辛菜也。』荀子哀公篇：『夫端衣玄裳，絻而乘路者，志不在於食葷。』端衣玄裳，即是齊服。楊倞注：『葷，蔥薤之屬也。』不飲酒、不茹葷，是異常饌。解者誤以葷爲肉食，而凡齊皆禁用之。與禮意悖矣。士喪禮記言人子養疾皆齊，而曲禮言父母有疾，食肉不至變味；飲酒不至變貌。齊時或可飲酒，則謂齊禁肉食，於古無徵矣。」以上錢、周、劉三家之說甚是。

由是可知齊戒禁酒無據，且葷乃辛菜也，不茹葷，亦非不食魚肉也。考齊戒之禁酒肉，或起於漢代。白居易閏九月詩：「自從九月持齊戒，不醉重陽十五年。」此齊戒之忌酒也。又韋應物詩：「鮮肥屬時禁，蔬果幸見嘗。」此齊戒之忌肉也。是唐持齊戒已禁酒肉矣。

日人竹添光鴻論語會箋曰：「南史：謝宏微以兄曜卒，除服猶不噉魚肉。梁書：武帝奉佛戒，不食魚肉。惟菜羹糲飯。劉勰並請二郊農社，亦從七廟之制：不用犧牲，但供疏果。詔從之。郊廟尚不用腥血，致齊者可知。是梁時齊戒，已禁魚肉矣。」又云：「漢書王莽傳：每逢水旱，莽輒素食。太后詔曰：今秋幸熟，公宜以時食肉。則肉與素食對言。漢時已如此，齊戒之忌酒肉，其即起於漢時歟？」果此說無誤，則春秋之世，齊戒尚不忌酒肉。朱子之時，已然禁忌酒肉，又本莊子之言而為注，故有此失。

三二、魯衛之政兄弟也

論語子路篇：子曰：「魯衛之政，兄弟也。」

一、何晏集解引包曰：「魯，周公之封；衛，康叔之封。周公康叔既爲兄弟。康叔睦於周公，其國之政亦如兄弟。」

二、皇侃義疏引衛瓘云：「言治亂略同也。」

三、朱子集注云：「魯，周公之後；衛，康叔之後。本兄弟之國，而是時衰亂，政亦相似，故夫子歎之。」

按：此章漢宋之說迥異，漢世自善政言；宋世自衰亂言。漢世之解謂夫子嘗言魯一變至於道，而五至衛國，則有三年有成之語。又論子賤，而以魯爲多君子，與季札稱衛多君子如出一轍。齊大陸子方曰：何以見魯衛之士，並見二國之政俗，末世猶賢於他國？漢書馮野王傳：吏民嘉美野王，立相代爲太守。歌之曰：「大馮君、小馮君，兄弟繼踵相因循，聰明賢知惠吏民，政如魯衛德化鈞，周公康叔猶二君。」由是觀之，魯衛之政，確實末世猶賢於他國。此爲漢經師所授，似可據。

惟宋世卻自衰亂立言。朱注謂：「是時衰亂，政亦相似，故夫子歎之。」此解乃本蘇軾論語解之說。蘇氏曰：「是時魯哀公七年，衛出公五年也。衛之政，父不父，子不子；魯之政，君不君，臣不臣。卒之哀公孫邾而死於越；出公奔宋而亦死於越。其不相遠如此。」此說似亦持之有故。然正義駁之曰：「朱子集注就衰世言，則語涉詼謔，恐非其理矣。」

陸隴其四書困勉錄云：夫子本意，正爲魯秉周禮，衛多君子。周公康叔之遺風猶在，而無人振起之，故發此歎，有惜之意、有望之意、亦有憂之意。」此說甚是。余以魯國爲武王弟周公之封國；衛國爲武王弟康叔之封國。且太姒之子九人，周公與康叔最睦。此章蓋夫子至衛，論魯衛之政在伯仲之間耳，兼有勉其互助合作，同振祖先嘉聲之意。

三三、苟合矣

論語子路篇：子謂衛公子荊，善居室。始有，曰：「苟合矣！」少有，曰：「苟完矣！」富有，曰：「苟美矣！」

「苟合矣」古有下列兩說：

一、朱子集注云：「苟，聊且、粗略之意。合，聚也。」

二、劉寶楠正義曰：「苟者，誠也、信也；合者，言已合禮，不以儉爲嫌也。」

按：朱注訓苟爲聊且，合爲聚合。則「苟合矣！」當釋爲「聊且聚合矣！」義有未洽。正義訓苟爲誠，是也。論語里仁篇：子曰：「苟志於仁，無惡也。」集解孔曰：「苟，誠也。」可證。惟訓合爲合禮，似嫌迂闊。況始有之時（言初有資財之時），即謂合禮矣（言居室陳設，即符不儉不奢之合禮程度矣。）則少有、富有之時（按少有，即財富略增之時；富有，即資財充足之時。）自屬違禮矣，故所謂「苟完矣」！（言居室陳設實完備矣！）「苟美矣！」（言居室陳設實華麗矣！）自屬過奢矣！

余以「合」字應作「滿意」解。合訓爲「滿」，古有前例。如舊唐書陸德明傳：「合朝賞歎」，合即作滿解。此章「苟合矣」，應解釋爲「吾誠滿意矣！」蓋公子荊知足少慾，故夫子如此稱之也。

三四、久要不忘平生之言

論語憲問篇：子路問成人。子曰：「若臧武仲之知；公綽之不欲；卞莊子之勇；冉求之

藝，文之以禮樂，亦可以爲成人矣。」曰：「今之成人者何必然：見利思義，見危授命，久要不忘平生之言，亦可以爲成人矣！」

一、何晏集解引孔曰：「久要，舊約也；平生，猶少時。」

二、朱子集注云：「久要，舊約也；平生，平日也。」

按：廣雅釋言：「要，約也。」古者凡有約則書其文於簿書，故謂要爲約也。「久要」，猶言長久之期約也。「久要不忘平生之言」，謂期約多年以後之事，而不忘昔日之言也。

三五、九合諸侯

論語憲問篇：子路曰：「桓公殺公子糾，召忽死之，管仲不死。曰未仁乎？」子曰：「桓公九合諸侯，不以兵車，管仲之力也。如其仁！如其仁！」

一、邢昺注疏曰：「九合者，史記云：兵車之會三，乘車之會六。穀梁傳云：衣裳之會十有一。范甯注云：十三年會北杏，十四年會鄄，十五年又會鄄，十六年會幽，二七年又會幽；僖元年會檉，二年會貫，三年會陽穀，五年會首止，七年會甯母，九年會葵丘，凡十一會。不取北杏及陽穀爲九也。」

二、朱子集注云：「九，春秋傳作糾，督也。古字通用。」

三、宋翔鳳論語發微曰：「管子小匡云：兵車之會六，乘車之會三，九合諸侯，一匡天下。晏子春秋問下云：『先君桓公，從車三百乘，九合諸侯，一匡天下。』案管晏二子與論語同時出，而已以一匡九合對舉。九者數之究，一者數之總。言諸侯至多，而已九合；天下至大，而能一匡。九合不必陳其數，一匡不必指其事。」

按：此章「九」字之解，人言言殊，說甚紛歧。管子小匡云：「兵車之會六，乘車之會三。」史記齊世家及封禪書則均曰：「兵車之會三，乘車之會六。」總數雖同，細目則異。穀梁傳莊公二十七年云：「衣裳之會十有一。衣裳之會，似即此章所謂「不以兵車」，然次數又非九。雖十一之會，鄭康成不取北杏及陽穀爲九；林堯叟去貫與陽穀爲九，然二說亦未見確有所據。且既謂「兵車之會六」或「兵車之會三」，（管子書與史記所載互異）而本章又言「不以兵車」，實相矛盾。故朱子即據左傳僖公二十六年，齊人伐我北鄙，公使展喜犒師曰：「桓公糾合諸侯，而謀其不協。」以「九」與「糾」

通。惟九與糾果若相通，則是九通糾，非糾通九也。竹添光鴻會箋難之曰：「集注本左傳僖二十六年展喜犒師之言，以「九合」爲「糾合」，謂古字通用，顧猶未免遺議。夫九糾通用，從未前聞。惟莊子天下篇，禹親操橐耜，以九雜天下之川。注曰：『九讀糾，糾合錯雜，使川流貫穿注海也。』然司馬彪唐代之儒，不足稱古，恐難以爲據。」而劉寶楠正義復駁之云：「朱子集注以九與糾通，與左僖九年傳，桓公糾合諸侯文同，異議錯出，難可通曉。後之學者，當無爲所惑矣。」

按：「九合」二字，不必限於九次之會，亦不可妄改爲「糾合」。蓋「九」字爲虛數，象其多也。楚辭：「亦余心之所善兮，雖九死其猶未悔。」史記：「若九牛之亡一毛。」「腸一日而九迴。」皆虛數也。「九合諸侯」，乃言多次會諸侯也。竹添氏曰：「然則九合者，惟言其會之多。九本以數言，而數不必泥也。」誠達人之言也。

三六、可以為文矣

論語憲問篇：公叔文子之臣大夫僎，與文子同升諸公。子聞之曰：「可以爲文矣。」

一、何晏集解引孔氏曰：「大夫僎，本文子家臣，薦之使與己並爲大夫，同升在公朝。言行如是，可謚爲文。」

二、朱子集注云：「文者順理而成章之謂。謚法亦有所謂錫民爵位曰文者。」

三、胡瑗曰：「孔子於文子曰『可以爲文』，於臧文仲知柳下惠之賢而不舉，謂之『竊位』。由此觀之，君子以薦賢爲己任。」

按：此章何晏集解引孔氏曰：「言行如是，可謚爲文。」朱子集注則僅談謚法，不言其他。余以爲「可以爲文矣」之「爲」字，猶「謂」也。與本篇第二章「可以爲難矣」之「爲」字義同。王引之經傳釋詞引宣二年穀梁傳曰：「孰爲盾而忍弒其君者乎？」孟子公孫丑篇曰：「而子爲我願之乎？」告子篇曰：「爲是其智弗若與？曰：非然也。」以上各「爲」字，均猶「謂」也，可證。此章之意謂：公叔文子之家臣大夫名僎，由文子之薦舉，與文子同升在公朝爲臣。孔子聞之而讚許曰：「公叔文子言行如是，可以稱爲『文』矣」。

三七、難矣哉

論語衛靈公篇：子曰：「群居終日，言不及義，好行小慧，難矣哉！」

一、何晏集解曰：「難矣哉，言終無成功也。」

二、朱子集注云：「難矣哉者，言其無以入德而將有患害也。」

按：此章「難矣哉」句，朱子解爲「無以入德而將有患害」，似失章旨。近人或解爲「難以度日」，亦不及集解之訓爲愈。惟集解訓爲「終無成功也」，仍嫌意有未周。蓋「難」字非「終無」之義也。「難矣哉」，應謂「難以望其有成也」，而非絕無成功之望也。

三八、吾猶及史之闕文

論語衛靈公篇：子曰：「吾猶及史之闕文也。『有馬者，借人乘之。』今亡矣夫！」

一、何晏集解引包氏曰：「古之良史，於書字有疑則闕之，以待知者也。有馬不能調良，則借人乘習之。孔子自謂及見其人如此。言此者以俗多穿鑿也。」

二、皇侃義疏云：「史者掌書之官也。古史爲書，若於字有不識者，則懸而闕之，以俟知者。不敢擅造爲者也。孔子自云己及見昔史有此時闕文也矣。孔子又曰：亦見此時之馬難調御者，不能調則借人乘服之也。亡，無也。當孔子末年時，史不識字，輒擅而不闕；有馬不調，則恥云其不能。必自乘之，以致傾覆。故云今亡也矣夫。」

三、朱子集注曰：「楊氏曰：『史闕文，馬借人，此二事孔子猶及見之。今亡矣夫，悼時之益偷也。』愚謂：此必有爲而言，蓋雖細故，而時變之大者可知矣。」

按：此章異說最雜，且多未安。唯蔡節論語集說引劉安世之言較爲可取。劉氏曰：「先儒說此多矣，但難得經旨貫串。今熟味『及』字與『亡』字，自然意貫。有馬者借人乘之，便是史之闕文。夫有馬而借人乘，非難底事，而史且載此，必是闕文。及，如及見之謂。聖人在衰周猶及見此等。史存而不敢削，亦見忠厚之意。後人見此語頗無謂，遂從而削去之。故聖人歎曰『今亡矣夫』。蓋歎此句之不存也。故聖人於郭公夏五皆存之於經者，蓋慮後人妄意去取，失古人忠厚之意，書之所以示訓也。」如此訓解，全章經旨得以連貫，說亦合理，故然其說。

三九、道不同

論語衛靈公篇：子曰：「道不同，不相爲謀。」

一、朱子集注曰：「不同，如善惡邪正之類。」

二、吳嘉賓論語說云：「孟子曰：伯夷、伊尹、柳下惠，三子者不同道。道者，志之所趨舍，如出處語默之類，雖同於爲善，而有不同。其是非得失，皆自知之，不能相爲謀也。」

三、劉寶楠正義曰：「案孟子又言：君子之行不同也，或遠或近；或去或不去，歸潔其身而已矣。歸潔其身，道也。而遠近去不去，行各不同，則不能相爲謀也。」

按：「道不同」之「道」字，朱子置而不談，劉寶楠則謂「道者，志之所趨舍，如出處語默之類。」誠然「道」應釋爲「志之所趨舍。」亦即志向、目標、理想是也。史記孔子世家：「吾道非也？吾何爲於此！」更將「道」字釋爲主義思想之意。

日人竹添光鴻論語會箋曰：「道字，是比喻之語，非斥善惡爲道。譬之一人之南紀，一人之北越，出門分背，豈可相謀？重義者與好利者：自修者與求名者，亦皆如此。」是知朱熹之解「不同」二字，並未搔到癢處也。

劉寶楠又曰：「史記伯夷列傳引此文云：『亦各從其志也。』即孟子不同道之說。……老莊申韓列傳：世之學老子者，則絀儒學：儒學亦絀老子，道不同不相爲謀，豈謂是也？亦以老子之學，與儒不同，未可厚非也。若夫與時偕行，無可無不可，夫子之謂集大成，安有所謂不相謀哉？不相謀者，道之本能，相爲謀者，聖人之用。後世儒者，舉一廢百，始有異同之見，而自以爲是。互相攻擊，既非聖人覆燾持載之量，亦大昧乎不相爲謀之旨。」

劉氏之說甚是。惟余認爲此章之重點應分爲二：一曰「道」、二曰「不同」。「道」即志向、目標、理想是也：「不同」即與異端邪道不同也。聖道與邪道不同，自然不相爲謀矣。此即「道不同，不相爲謀」之眞義。「爲」猶「與」也。李斯傳曰：「斯其猶人哉，安足爲謀。」「安足爲謀」即「安足與謀」也。（見王引之經傳釋詞。）併此附述。

四十、以為厲己

論語子張篇：子夏曰：「君子信而後勞其民；未信，則以爲厲己也。信而後諫；未信，則以爲謗己也。」

一、何晏集解引王氏曰：「厲，猶病也。」

二、皇侃義疏引江熙云：「君子克厲德也，故民素信之，服勞役故知非私。信不素立，民動以爲病己而奉其私也。」

三、鄭玄注曰：「厲，讀爲賴，恃賴也。」

按：此章「未信，則以爲厲己也」之「厲」，鄭玄以爲與賴通，作恃賴解。左傳昭公四年：「遂滅賴。」公羊穀梁均作「厲」。又公羊十五年釋文：厲，舊音賴。是「厲」、「賴」字通音同，實有所本。惟鄭注「恃賴」之義，頗難通曉。故後之注家，皆取集解之說：「厲，猶病也。」朱注亦然。此謂上勞己，使己病也。

余以此說亦嫌牽強，蓋上勞民，雖可使民病，然未必能病，尤未必皆病也。故「厲」

字似可訓爲「虐」也，厲民，猶爲虐民也。孟子滕文公篇：「今也滕有倉廩府庫，則是厲民而以自養也，惡得賢？」厲民，則作虐民解，可證。

（以上十三章發表於孔孟月刊第三十六卷第三期第五至十一頁。）

四一、攻乎異端

論語爲政篇：子曰：「攻乎異端，斯害也已。」

此章之古注，較重要者有如下數家：

㈠何晏集解：「攻，治也。善道有統，故殊途而同歸。異端不同歸者也。」

㈡皇侃義疏：「攻，治也。古人謂學爲治。故書史載人專經學問者，皆云治其書、治其經也。異端，謂雜書也。言人若不學六籍正典，而雜學於諸子百家，此則爲害之深。」

㈢朱子集注引范氏曰：「攻，專治也。故治木玉金石之工曰攻。異端非聖人之道而別爲一端，如楊墨是也。其率天下至於無父無君，專治而欲精之，爲害甚矣。」

又引程子曰：「佛氏之言，比之楊墨尤爲近理，所以其害爲尤甚。學者當如淫聲美色以遠之，不爾，則駸駸然入於其中矣。」

㈣王闓運論語訓：「攻猶伐也。先進篇曰：『鳴鼓而攻之』。道不同不相爲謀，若必攻去其異己者，既妨於學，又增敵忌，故有害也。」

按：以上諸注，除王氏論語訓之說較爲可取外，其餘集解、皇疏、朱注之說均失之。蓋論語中凡用攻字者，皆作攻伐解。如「小子鳴鼓而攻之。」（先進）「攻其惡毋攻人之惡。」（顏淵）不應於此句獨訓爲治。集注引范氏、程子之言尤誤。至「異端」一詞之義，程樹德論語集釋解之最當。程氏曰：「異端，何晏訓爲殊途不同歸。皇邢疏則以諸子百家實之。朱注始指爲楊墨佛老。考漢時以雜書小道爲異端，孔子之時，不但未有佛學，並楊墨之說亦未產生。當時只有道家，史記載孔子見老聃，歸而有如龍之歎。則孔子之不排擊道家甚明。不能以後世門戶排擠心理推測聖人。然孔子時雖無今之所謂異端，而諸子百家之說，則多萌芽於此一時代。原壤之老而不死，則道家長生久視之術也；宰我短喪之問，則墨家薄葬之濫觴也；樊遲學稼之請，則農家並耕之權輿也。異端雖訓爲執兩端，而義實可通於雜學。中庸引子曰：『素隱行怪，後世有述焉，吾弗爲已矣。』

子夏曰：『雖小道，必有可觀者焉。致遠恐泥，是以君子不爲也。』所謂『素隱行怪』、所謂『小道』，即異端也。君子止於不爲。若夫黨同伐異，必至是非蠭起，爲人心世道之害，故夫子深戒之也。」王闓運亦謂：「若必攻去其異己者，既妨於學，又增敵忌，故有害也。」均屬確詁，足堪信從。

茲將此句試譯爲白話：

孔子說：「攻擊諸子百家的雜學，一定會引起許多是非，又增添敵忌，那是有害的啊！」

四二、君子懷德小人懷土

論語里仁篇：子曰：「君子懷德，小人懷土；君子懷刑，小人懷惠。」

此章有如下數說：

㈠何晏集解：「孔曰：『懷，安也。懷土，重遷也。懷刑，安於法也。』包曰：『惠，恩惠也。』」

㈡朱子集注：「懷，思念也。懷德，謂存其固有之善。懷土，謂溺其所處之安。懷刑，謂畏法。懷惠，謂貪利。君子小人趣向不同，公私之間而已矣。」

㈢俞樾群經平議：此章之義，自來失之。君子謂在上者，小人謂民也。懷者歸也。……君子懷德，小人懷土者，言君子歸於德，則小人各歸其鄉土。君子懷刑，小人懷惠者，言君子歸於刑，則小人歸於他國慈惠之君。

㈣程樹德集釋：此章言人人殊，竊謂當指趨向言之。君子終日所思者是如何進德修業；小人則求田問舍而已。君子安分守法；小人則惟利是圖，雖蹈刑辟而不顧也。

按：此章以君子小人對比而言。雖俞曲園以君子小人指位言，謂若在上位之君能行德治，則在下之民即安土重遷而不輕離；若在上位之君用刑治，則在下之民必懷思他國之慈惠而投依。義固可通。惟日人竹添光鴻會箋曰：「舊解君子小人以位言，非也。此章就心之所懷，而分君子小人。猶喻義喻利之謂。若謂以君子爲君，則當云尙德尙刑，豈曰懷之乎？」說亦可取，故仍以朱注以人品言爲長。而「懷」字集解作「安」講；俞樾作「歸」講，均不如朱注作「思念」爲勝。惟朱子注「懷土」、「懷刑」、「懷惠」，均不得其旨，義有難安。劉寶楠正義引爾雅釋言云：「土，田也。」說文：「土，地之吐生萬物者也。」大學亦云：「有土此有財。」則「小人懷土」者，宜謂小人思念得田畝土地之產業也。「懷刑」，史繩祖學齋佔畢謂：「懷刑，乃懷思典型而則效之也。字形既失，畸論遂緣之起矣。」堪稱卓見。「懷惠」，非「貪利」也。「惠」謂恩惠。與公冶長「其養民也惠」之惠同。竹添光鴻會箋曰：「懷惠者，求人惠己也。」是矣。如此，則本章之意爲：

君子所思念者爲德行之端正；小人所思念者爲能得田地產業。君子所思念者爲仿效聖賢之典範；小人所思念者爲求得別人之恩惠。

四三、三思而後行

論語公冶長篇：季文子三思而後行。子聞之曰：「再斯可矣。」

此章古注議論較多，略舉數則如下：

㈠何晏集解：鄭曰：「季文子，魯大夫季孫行父。文，諡也」。文子忠而有賢行，其舉事寡過，不必及三思也。

㈡皇侃義疏引季彪曰：「君子之行，謀其始，思其中，慮其終。然後允合事機，舉無遺算。是以君子三省其身，南容三復白圭，夫子稱其賢。且聖人敬慎，於教訓之體，但當有重耳，固無緣有減損之理也。時人稱季孫名過其實，故孔子矯之。言季孫行事多闕，許其再思則可矣，無緣乃至三思也。此蓋矯抑之談耳，非稱美之言也。」

㈢朱子集注：三，去聲。季文子，魯大夫，名行父。每事必三思而後行，若使晉而求遭喪之禮以行，亦其一事也。斯，語辭。程子曰：「爲惡之人，未嘗知有思，有思則爲善矣。然至於再則已審，三則私意起而反惑矣。故夫子譏之。」愚按：季文子慮事如此，可謂詳審而宜無過舉矣。而宣公簒立，文子乃不能討，反爲之使齊而納賂焉。豈非程子所謂私意起而反惑之驗與？是以君子務窮理而貴果斷，不徒多思之爲尙。

㈣劉氏正義引左哀二十七年傳：中行文子曰：君子之謀也，始中終皆舉之而後入焉，是三思乃美行。吳志諸葛恪傳注引志林曰：恪輔政，大司馬呂岱戒之曰：「世方多難，每事必十思。」恪答曰：「昔季文子三思而後行。夫子曰：再斯可矣。君令恪十思，明恪之劣也。」亦以文子三思爲賢，與鄭注意合。

按：季文子卒於魯襄公五年，孔子生於魯襄公二十二年。二人不同時。此章乃時人稱頌季文子之語以告孔子，由「子聞之曰」四字可斷。竹添光鴻會箋云：「凡事未得決定，雖千計萬慮，積日累月，皆第一思中之事矣。既決定矣，然後更審其前後左右有無妨礙，此爲再思。再思決定矣，然後更復一審，此爲三思。夫子言再思而完，至三思則過慮害事耳。蓋文子所長在謹愼，而所失每在過慮也。」

此章「再斯可矣」亦爲評季孫之言，非謂常人皆可再而不可三也。孟子曰：「思則得之，不思則不得。」中庸云：「思之不得弗措也。」皆言思之重要。竊意事有輕重繁簡之別，輕者簡者思再可矣；重者繁者必三思甚或多思方可。兵法有云：「多算勝，少算不勝。」亦謂多思考多謀算爲致勝之必備條件也。

此章朱注引程子之言多失之。程子曰：「爲惡之人，未嘗知有思，有思則爲善矣。」此不切事理人性。蓋人心有善有惡，善者思爲善；惡者思爲惡。倘爲惡之人未嘗有思，則其惡行鮮能得逞矣。竹添光鴻曰：「人心有邪正，則所思有善惡，彼惡人者，奸計百出，非思孰爲之？故思也者，君子以成其善，則可以作聖；小人以濟其惡，乃至於亂四海而無已。」可謂適情適理之論。又陳天祥四書辨疑引王滹南駁喪禮之說曰：「文子至晉，果遭之（淳按：左傳言文子將聘於晉，求遭喪之禮以行。後晉襄公果卒。）則正得思之力也。何過之有？」又駁程子之說曰：「思至于三，何遽為私意邪？」又曰：「事有不必再思者，亦有不止於三思者，初無定論也。其說大意皆當。三思之三，既為去聲，則文子之三思，不止三次而已也。夫子之言只是言文子過思之蔽，非謂天下之事皆當止於再思，不可至於三次也。」的是確論。

至於朱注末尾稱：「是以君子務窮理而貴果斷，不徒多思之為尚。」亦頗費解。蓋欲「窮理」則須「多思」，不多思何能窮其理耶？

總之，此章孔子之言僅針對季文子而發，非一概而論也。吾人不必抓住「再」與「三」之數字，而應視事情之輕重繁簡，作適當之思考，然後果敢決斷，付諸施行，則事可有成矣。

四四、君子儒小人儒

論語雍也篇：子謂子夏曰：「女爲君子儒，無爲小人儒。」

此章古有如下數說：

㈠何晏集解：孔曰：「君子爲儒，將以明道；小人爲儒，則矜其名。」

㈡朱子集注：儒，學者之稱。程子曰：「君子儒爲己，小人儒爲人。」謝氏曰：「君子小人之分，義與利之間而已。然所謂利者，豈必殖貨財之謂，以私滅公，適己自便，凡可以害天理者皆利也。」

㈢俞樾群經平議：以人品分君子小人，則君子有儒，小人無儒矣。非古義也。君子儒小人儒，疑當時有此名目。所謂小人儒者，猶云先進於禮樂，野人也；所謂君子儒者，猶云後進於禮樂，君子也。

㈣劉逢祿述何：君子儒，所謂賢者識其大者；小人儒，所謂不賢者識其小者。識其大，方能明道；識其小，易於矜名。

㈤焦循補疏：儒，猶士也。言必信，行必果，硜硜然小人哉。小人儒正指此爾。

㈥趙佑溫故錄：此小人，當以言必信、行必果，硜硜然小人哉語爲之注腳。彼不失爲士之次，此言儒一也。子夏規模狹隘，蓋未免過於拘謹，故聖人進之以遠大。

(七)劉寶楠正義：儒爲教民者之稱。子夏於時設教，有門人，故夫子告以爲儒之道。君子儒，能識大而可大受；小人儒，則但務卑近而已。君子小人，以廣狹異，不以邪正分。

按：此章「儒」字應作「師儒」解。師儒乃在鄉里教授道藝之人，此種人才，固不能不具優秀之人品，尤應顧到氣宇規模之恢宏。故有君子小人之分。「君子儒」似爲古之所謂「人師」；「小人儒」則似古之所謂「經師」。人師不特教以經典學問，益且教以爲人處世之方。（務其大者）；經師則專授辭章訓詁之學。（務其小者）。劉寶楠正義謂「君子儒，能識大而可大受；小人儒，則但務卑近而已。君子小人，以廣狹異，不以邪正分。」此言得之。

集解注「小人爲儒，則矜其名。」劉寶楠非之曰：「小人儒，不必是矜名，注說誤也。」朱注引謝氏之言，特損子夏。義利之辨尤迂。其餘俞樾、焦循、趙佑之注皆未是。惟程樹德之論最可取。程曰：「孔注以矜名爲小人，程子注以循外爲小人，二說過貶子夏。周禮大司徒四曰聯師儒。注師儒鄉里教以道義者。是儒爲教民者之稱。子夏於時設教西河，傳詩傳禮，以文學著於聖門。謂之儒則誠儒矣，然苟專務章句訓詁之學，則褊淺卑狹，成就者小。夫子教之爲君子儒，蓋勉其進於廣大高明之域也。此君子小人以度量規模之大小言。小人如硜硜然小人哉，小人哉樊須也之類，非指矜名徇利者言也。孔程二注蓋均失之。」（見程著論語集釋）允稱正解。

試將本章意譯如下：

孔子勉勵子夏說：「你要做一個規模器度弘大的人師；不要做一個淺近褊狹固陋的經師。」

四五、民可使由之不可使知之

論語泰伯篇：子曰：「民可使由之，不可使知之。」

此章古注繁多，茲舉數則如下：

㈠何晏集解：由，用也。可使用而不可使知者，百姓能日用而不能知。

㈡後漢書方術傳注引鄭注：由，從也。言王者設教，務使人從之。若皆知其本末，則愚者或輕而不行。

(三)皇侃義疏引張憑云：為政以德，則各得其性。天下日用而不知，故曰可使由之。若為政以刑，則防民之為奸，民知有防而為奸彌巧，故曰不可使知之。言為政當以德，民由之而已；不可用刑，民知其術也。

(四)朱子集注：民可使之由於是理之當然，而不能使之知其所以然也。程子曰：「聖人設教，非不欲家喻而戶曉也。然不能使之知，但能使之由之爾，若曰聖人不使民知，則是後世朝四暮三之術也。豈聖人之心乎？」

(五)凌鳴喈解義：此章承上章詩禮樂言。謂詩禮樂可使民由之，不可使知之。

(六)劉寶楠正義：上章是夫子教弟子之法，此民亦指弟子。孔子世家，言孔子以詩書禮樂教，弟子蓋三千焉。身通六藝者七十有二人，身通六藝則能興、能立、能成者也。其能興、能立、能成是由夫子教之，故大戴禮言其事云。說之以義而視諸體也，此則可使知之者也。自七十二人之外，凡未能通六藝者，夫子亦以詩書禮樂教之，則此所謂可使由之、不可使知之之民也。

(七)趙佑溫故錄：民性皆善，故可使由之；民性本愚，故不可使知之。王者為治，但在議道自已，制法宜民，則自無不順。若必事事家喻戶曉，日事其語言文字之力，非惟勢有所不給，而天下且於是多故矣，故曰不可。

按：此章各家之注駁雜，莫衷一是。「由」字何晏釋「用也」。後漢書引鄭注則訓「從也」。以下各家似無異義，蓋或從之。至言「王者設教，務使人從之。」或「聖人設教，非不欲家喻而戶曉，然不能使之知。」皆不切經旨。又淩鳴喈與劉寶楠同謂此章承上章詩書禮樂言，均未是。劉氏以民指弟子，尤覺不妥。惟趙佑之說略合事理，然非完備。

鄙意此章乃就政事言。由，行也。孟子離婁篇「吾身不能居仁由義，謂之自棄也。」朱注：「由，行也。」可證。此章所謂「民」，蓋指「行之而不著焉，習矣而不察焉，終身由之而不知其道者」（見孟子盡心篇）。又易繫辭傳：「百姓日用而不知」之百姓，皆此「民」之義也。「民可使由之，不可使知之」句，如無確詁，則聖人千古受誣，被詈爲愚民政策，誠可憾也！宦懋庸論語稽釋之曰：「對於民，其可者使其自由之；而所不可者，亦使知之。」深中肯綮，入木三分。惟斷句應改爲：「子曰：『民可，使由之；不可，使知之。』」

試將此章譯成白話如下：

孔子說：「一般政事，人民可以實行的，就讓他們去做；人民不可能實行的，也要讓他們知道。」

四六、割不正不食

論語鄉黨篇：割不正不食，不得其醬不食。

此句由「食不厭精、膾不厭細」章挑出，下兩句亦同，古注如下：

㈠何晏集解：馬曰：「魯膾非芥醬不食。」

㈡朱子集注：割肉不方正者不食，造次不離於正也。漢陸績之母，切肉未嘗不方，斷蔥以寸為度。蓋其質美，與此暗合也。食肉用醬，各有所宜，不得則不食，惡其不備也。此二者無害於人，但不以嗜味而苟食耳。

㈢清王夫之四書稗疏：集注云切肉必方正。不知割非切，切非割；方非正，正非方也。古者大臠載俎，食則自斷。故曲禮曰：濡肉齒決，乾肉不齒決。非若後世既割之復切之，令大小稱口所容，如陸績之母能必其方也。

㈣黃式三後案：皇邢二疏說異，皇疏爲集注所本。少牢禮，牢心舌戴於肵俎，心皆安下切上，午割勿沒，舌皆切本末，亦午割勿沒。賈疏引此經證之，正與皇疏合。

㈤皇侃義疏引江熙云：「殺不以道，爲不正也。」

按：此二句古注依禮制至爲繁瑣。簡言之，「割不正」者，解牲不合其度也。「不得其醬」者，調味不適其宜也。集注兜不出舊說之窠臼，難逃後世迂腐之嗤。清江聲族質言此爲齋時飲食之節，最爲可從。集注蓋兩失之矣。程樹德集釋曰：「割肉不方正者不食，天下豈有此不近人情事耶？使後世視孔子爲迂腐不通世故之人者，宋儒之罪也。」語至痛切。

四七、沽酒市脯不食

論語鄉黨篇：沽酒、市脯，不食。

此句古注有如下數說：

㈠漢書食貨志：詩曰無酒酤我，而論語曰酤酒不食。二者非相反也。夫詩據承平之世，酒酤在官，和旨便人，可以相御也。夫子當周衰亂，酒酤在民，薄惡不誠，是以疑而弗食。

(二)皇侃義疏：酒不自作，則未必清淨；脯不自作，則不知何物之肉。故沽市所得，並所不食也。或問曰：沽酒不飲，則詩那云無酒沽我乎？答曰：論所明是祭神不用，詩所明是人得用也。

(三)朱子集注：沽、市，皆買也。恐不精潔，皆傷人也。與不嘗康子之藥同意。

(四)周柄中四書典故辨正：詩無酒酤我，毛傳謂一宿酒曰酤。鄭康成訓酤爲榷酤之酤。集注云：沽、市皆買也。蓋從鄭注。聽雨紀談云：三代無酤酒者，至漢方有榷酤酒，似以一宿酒爲是。愚按酒酤戒群飲，周禮司虣禁市飲，飲而於市，則有沽酒明矣。

按：此句集解無注，集注則曰沽、市皆買義，是也。然謂「恐不精潔，皆傷人也。」疑非。蓋此句如指人之一生，絕不向酒肆買酒、不向肉舖買脯而食，則非常人所能。但如敬祀神明則須齋戒潔淨，乃需自做，事屬當然。皇疏設答問謂「論所明是祭神不用，詩所明是人得用也。」其義雖未大明，但已露曙光矣。又漢書食貨志顏師古注：「鄉黨所說孔齋之時也。」而清翟灝考異亦然其說。至此，則本句之意已顯豁矣。試將此句譯爲白話：

孔子齋戒的時候，從市場買來的酒和乾肉，都不敢吃。

四八、不撤薑食

論語鄉黨篇：不撤薑食，不多食。

此句古注有如下諸說：

㈠何晏集解：孔曰：撤，去也。齋禁薰物。薑辛而不薰，故不去。不多食，不過飽。

㈡皇侃義疏引江熙云：少所啖也。

㈢朱子集注：薑，通神明，去穢惡。適可而止，無貪心也。

㈣邢昺注疏：自此已上，皆蒙齊文。其凡常不必然。

㈤元許謙讀四書叢說：古注齊禁葷物，薑辛而不臭，故不去。此說頗長。古注自此上皆作齊戒意說，固未穩。然此句安知不是齊一類錯簡在此。

㈥劉寶楠正義：薑辛辣，多食，生內熱之疾，故不多食。又說文：「薑，御濕之菜也。」本草經：「乾薑主逐風，濕痺腸澼、下痢。生者尤良。」久服去臭氣、通神明，是其功用，有益於人。故每食餕不撤去之。

㈦王夫之四書稗疏：言撤則必既設之而後撤也。言不撤，則必他有所撤而此不撤也。按士相見禮，夜侍坐視夜膳葷，請退可也。注云：「葷，辛菜；薑亦辛菜也。則此言燕居講說而即席以食者，食已，飯羹醢胾之屬皆撤，而薑之在豆者獨留，倦則食之，以卻眠也。古之人類然，君子亦以爲宜。集注未悉。」

按：以上古注，劉寶楠、王船山之說皆是。「不多食」應指薑言，集解引孔曰不多食爲不過飽，非。邢疏謂：「自此已上皆蒙齊文，其凡常不必然。」說最可取。程樹德集釋謂：「朱子集注以明衣、變食、遷坐爲齊禮，食不厭精以下爲禮食常食之節。不但上文割不正不食、沽酒市脯不食說不通，並不撤薑食亦說不過去。薑性熱，非可常食之物，遇夏令能不撤乎？又皆事理所必無者。邢疏義爲長，當從之。」議論周延，其說可信。

四九、居之無倦

論語顏淵篇：子張問政。子曰：「居之無倦，行之以忠。」

此章僅何、朱有注，舉之如下：

㈠何晏集解：王曰：言爲政之道，居之於身，無得解（懈）倦；行之於民，必以忠信。

㈡朱子集注：居謂存諸心，無倦則始終如一。行謂發於事，以忠則表裏如一。程子曰：「子張少仁，無誠心愛民，則必倦而不盡心，故告之以此。」

按：此章集解、集注疏訓字義皆無誤。惟集注引程子之言非是。謂「子張少仁，無誠心愛民，」實過貶子張。宋人喜貶抑聖門，莫此爲甚。劉寶楠正義舉大戴禮衛將軍文子篇，謂孔子言「子張不弊百姓，以其仁爲大。」又言「其不伐，不侮可侮，不佚可佚，是子張誠仁。」由是可證子張非少仁，亦非無誠心愛民也。作者於「吾友張也爲難能也」及「堂堂乎張也」二文已言之審矣。（見孔孟月刊第三十四卷第五期第四、五頁）請參閱。無怪乎清毛奇齡慨嘆曰：「聖人答問，必答其所問之事、所問之義，未嘗答其人也。（淳按：夫子因材施教，答問暗指其人之失，容或有之，然非每答必如此也。）如必因病發藥，則告顏淵鄭聲淫、佞人殆，淵必喜淫好佞矣。乃只此無倦一答，程氏譏其無誠心，楊氏謂其難能故難繼，范祖禹謂其外有餘而內不足，朱氏子謂其做到下稍無殺合。龐涓至樹下，萬弩齊發，爲之駭然！」（見毛著四書改錯）西河先生之浩嘆，豈徒然哉？

五十、無欲速無見小利

論語子路篇：子夏爲莒父宰，問政。子曰：「無欲速，無見小利。欲速則不達，見小利則大事不成。」

此章古注如下：

(一)何晏集解：鄭曰：舊說云：莒父，魯下邑。孔曰：事不可以速成，而欲其速，則不達矣。小利妨大，則大事不成也。

(二)朱子集注：莒父，魯邑名。欲事之速成，則急遽無序，而反不達。見小者之爲利，則所就者小，而所失者大矣。程子曰：子張問政，子曰：居之無倦，行之以忠。子夏問政，子曰：無欲速，無見小利，子張常過高而未仁；子夏之病，常在近小。故各以切己之事告之。

㈢劉寶楠正義：荀子致士篇：臨事接民，而以義變應，寬裕而多容，恭敬以先之，政之始也；然後中和察斷以輔之，政之隆也；然後進退誅賞之，政之終也。故一年與之始，三年與之終。並言爲政不可欲速也。利謂便國益民也，爲政者見有大利，必宜與行，但不可見小耳。……並以此文義相發。

㈣李光地箚記：欲速者，心之躁；見利者，心之私。二者有陰陽之不同，而其病亦相因。凡大事未有速成者，故欲速者其見必小。心存於久遠，則不爲利動，故見小利者恆由於欲速。

㈤竹添光鴻會箋：莒父下邑，政久廢弛。子夏急圖改弦更張，或以規近效，期小康。則迫而致之，苟而安之矣。

按：此章各家之訓解皆是。惟集注引程子曰：「子夏之病，常在近小，故以切己之事告之」云云，有嫌失當。子夏近小，何所據而云然？此章亦通論耳，未必針對子夏之病而告之也。如下章樊遲問仁，子曰：「居處恭，執事敬，與人忠，雖之夷狄，不可棄也。」豈夫子亦指遲之失而告之以此乎？竹添光鴻以「規近效、期小康，迫而致之」之說為長。

毛奇齡四書改錯曰：「子夏近小利，並無實據。程氏以小人之腹，誣妄此語，而及注子謂子夏女為君子儒章，則實以子夏好利為小人儒成案，程氏語出，而聖人一門無生活路矣！然且子張在千百年前，與程氏有何怨毒？而未仁少仁，提至千遍。至品騭他賢，而無端旁及，必不放過，何相厄之深歟！」西河先生痛切之言，發人深省。

五一、何如斯可謂之士

論語子路篇：子貢問曰：「何如斯可謂之士矣？」子曰：「行己有恥，使於四方，不辱君命，可謂士矣。」曰：「敢問其次。」曰：「宗族稱孝焉，鄉黨稱弟焉。」曰：「敢問其次。」曰：「言必信，行必果，硜硜然小人哉。抑亦可以為次矣。」曰：「今之從政者何如？」子曰：「噫！斗筲之人，何足算也！」

此章古注如下：

㈠何晏集解：孔曰：「有恥者，有所不爲。」鄭曰：「行必果，所欲行，必果敢爲之。硜硜者，小人之貌也。抑亦其次，言可以爲次。筲，竹器，容斗二升。算，數也。」

㈡朱子集注：此其志有所不爲，而其材足以有爲者也。子貢能言，故以使事告之。蓋爲使之難，不獨貴於能言而已。此本立而材不足者，故爲其次。果，必行也。硜，小石之堅確者。小人，言其識量之淺狹也。此其本末皆無足觀，然亦不害其爲自守也，故聖人猶有取焉。下此則市井之人，不復可爲士矣。今之從政者，蓋如魯三家之屬。噫，心不平聲。斗，量名，容十升。筲，竹器，容斗二升。斗筲之人，言鄙細也。算，數也。子貢之問每下，故夫子以是警之。程子曰：「子貢之意，蓋欲爲皎皎之行，聞於人者。夫子告之，皆篤實自得之事。」

按：此章何晏、朱子之注，大體皆然。惟朱注末尾言「子貢之問每下，故夫子以是警之」稍涉未安。又引程子之言尤難服人。清毛奇齡四書改錯曰：「使於四方，不辱君命，並無抑能言之意。嘗因此推求本文，再三不得。及考小注，有陳氏諂注解曰：『不獨貴於能言，蓋以行己有恥爲本也。』則又告行己，非告使事矣。終不可解！且子貢無恥，亦安據也？」

又四書集注補曰：「斗筲二語，未必警子貢。若然，則視子貢此問，將欲爲今之從政者歟。若程子所言，子貢將欲爲皎皎之行聞於人者，故夫子告之以篤實自得之事。則與夫子所言，正柄鑿相反。夫子明尚事功，特以使命不辱者加於篤實自得之上，此不特不藥子貢之病，反有就其所長而加勉之意。聖言具在，三復可驗也。乃謂欲裁其皎皎之行，則未有使四方而猶闇胸非皎皎者。向使告孝弟信果，而不告使事，則其奚落端木氏不知如何矣？今故爲拗揉，而其言之難通至於如是，是亦不可以已乎！」二者之論確有是處，可濟集注之失。

五二、危言危行危行言孫

論語憲問篇：子曰：「邦有道，危言危行；邦無道，危行言孫。」

此章疑義，在一「危」字與「孫」字。古注如下：

㈠何晏集解：包曰：危，厲也。邦有道，可以厲言行也。何曰：孫，順也。厲，行不隨俗；順，言以遠害。

㈡朱子集注：危，高峻也。孫，卑順也。尹氏曰：君子之持身不可變也。至於言則有時而不敢盡，以避禍也。然則爲國者，使士言孫，豈不殆哉！

㈢竹添光鴻會箋：包注危，厲也。厲，磨厲也。磨厲利劍，小觸則傷矣，可謂危矣。皇本孫作遜。君子秉德中和，言行以道，不求自異於人，何危之有？矯激者危其言行以自禍，故孔子此言，蓋專就岸然自異之流以警之。

按：此章「危」字集解訓厲也。竹添會箋原從之，然轉其意爲磨厲之厲，非也。朱子訓高峻，皆未切。錢坫後錄引孫星衍曰：廣雅：危，正也。釋此爲是。「孫」，皇本作遜，可從。遜，謙讓也。朱子謂：「然則爲國者，使士言孫，豈不殆哉！」似有慨然之意。惟考汪　烜四書詮義曰：「言孫非畏禍也。賈禍而無益，則君子不爲矣。知進退存亡而不失其正，亦時中之道也。」劉寶楠正義：「漢明之末，學者知崇氣節，而持之過激，釀爲黨禍，毋亦昧於遠害之旨哉！」宦懋庸論語稽亦謂：「邦無道則當留有用之身匡濟時變，故舉動雖不可苟，而要不宜高談以招禍也。漢之黨錮，宋之元祐黨，明之東林黨，皆邦無道而言不孫者也。以此章言之，豈聖人之所許哉？」至此，朱子之慨然，殆可以冰釋矣。

此章蓋孔子告誡弟子及時人之言，意譯如下：

孔子說：「當國家有道的時候，可以正言正行；當國家無道的時候，仍應正行，但說話要謙讓，不可因言賈禍。」

五三、夫子不答

論語憲問篇：南宮适問於孔子曰：「羿善射，奡盪舟，俱不得其死然。禹稷躬稼而有天下。」夫子不答。南宮适出，子曰：「君子哉若人！尚德哉若人！」

此章疑義在「夫子不答」一語。古注繁瑣，略舉如下：

㈠何晏集解：孔曰：「适，南宮敬叔，魯大夫。羿，有窮國之君，簒夏后相之位，其臣寒浞殺之。因其室而生奡。奡多力，能陸地行舟，爲夏后少康所殺。此二子者，皆不得以壽終焉。」馬曰：「禹盡力於溝洫，稷播百穀，故曰躬稼，禹及其身，稷及後世皆王。适意欲以禹稷比孔子，孔子謙，故不答也。」孔曰：「賤不義而貴有德，故曰君子。」

(二)朱子集注：南宮适即南容也。羿，有窮之君，善射，滅夏后相而篡其位。其臣寒浞又殺羿而代之。奡，春秋傳作澆，浞之子也。力能陸地行舟，後爲夏后少康所誅。禹平水土，暨稷播種，身親稼穡之事，禹受舜禪而有天下，稷之後至周武王亦有天下。适之意，蓋以羿奡比當世之有權力者，而以禹稷比孔子也。故孔子不答。然适之言如此，可謂君子之人而有尚德之心矣。不可以不與，故俟其出而贊美之。

(三)劉寶楠正義引淩鳴喈解義曰：「适疾時君好力戰，不修民事而問。夫子爲尊者諱，故不答。夫子善其不斥言時事，得古人援古諷今之義，知有天下以德服，不以力服也。」

(四)竹添光鴻會箋：适之問，援引古昔，不勝感慨流連之致。以善射盪舟誇羿奡之能，而偏說到不得其死；言禹稷之微，而偏說到有天下。語氣開合，而意含于中，不設一語于前，不贅一詞于後，使積善積惡之報，引端而不徑露，惟其情見乎辭，故夫子以不答渾涵之。而言不盡意，故又以尚德印證之耳。夫以羿奡比當世之有權力者，此句是南宮意中所有；以禹稷比孔子，此句是南宮章中所無。禹稷句只是帶說，不然則尊崇其人，亦何至設一有天下之想。君子兩贊，聖人公然以有天下者自居，一涉于諛，一涉于傲，必無是理。蓋适之問，所謂直陳之而是非自見也。夫子之不答，所謂存其事而義已明也。

按：此章「夫子不答」之原因，集解謂「适意欲以禹稷比孔子，孔子謙，故不答。」集注從之，其說甚迂。皇疏避不涉此。劉氏引嗚咕解義謂「夫子爲尊者諱，故不答。」竹添會箋謂「夫子之不答，所謂存其事而義已明也。」二氏均較集注爲愈。宋洪景盧容齋隨筆云：「南宮适言力可賤而德可貴，其義已盡，無所可答。」立言平允，疏義可取。

五四、焉用彼相

論語季氏篇：孔子曰：「求，周任有言曰：『陳力就列，不能者止。』危而不持，顚而不扶，則將焉用彼相矣。」

此章古注約有下列數說：

㈠何晏集解：馬曰：「周任，古之良史。言當陳其才力，度己所任，以就其位，不能則當止。」包曰：「言輔相人者，當能持危扶顚，若不能何用相爲。」

㈡皇侃義疏：周任有言曰：人生事君，當先量後入。若計陳我才力所堪，乃後就其列，次治其職任耳。若自量才不堪，則當止而不爲也。既量而就，汝今爲人之臣，臣之爲用，正在匡弼持危扶顚，今假季氏欲爲濫伐，此是危顚之事，汝宜諫止。而汝不諫止，則何用汝爲彼之輔相乎？

㈢朱子集注：周任，古之良史。陳，布也。列，位也。相，瞽者之相也。言二子不欲則當諫，諫而不聽則當去也。

㈣劉寶楠正義：集注云：「相，瞽者之相也。」此言瞽者將有危顚，則須相者扶持之。

㈤竹添光鴻會箋：相，本訓助、訓扶，是扶持輔佐之義。故凡贊相者皆曰相。此章本文瞽之相、國君之相，義兩可通。但味本文，上云陳力就列不能者止，而承之云危而不持云云，則亦必陳人臣輔相之事，方與上文稱。今忽舉瞽之相，則語不倫矣。或疑宰相之名，古昔所無。不知舜相堯，仲虺爲湯左相，醫和謂趙武曰：

子相晉國。稱輔相爲相，自古而然。即下文由與求也相夫子，及管仲相桓公，皆足以爲證。故古注包曰：言輔相人者，當能持危扶顚；若不能，何用相爲？凡歷代引經文，皆從輔相之義。朱子所疑，特在扶持二字。然孟子疾病相扶持，未始指瞽者；中庸治亂扶危，未嘗不指國也。

按：此章「相」字，至集注始訓「瞽者之相也。」劉氏正義依之。惟日人竹添光鴻則引經據典，力言「相」應訓扶持輔佐。證據歷歷，說甚可信。復參陳天祥四書辨惑曰：「瞽者之相，蓋取上篇相師之相爲說也。相，本訓助、訓扶，元是扶持輔佐之義。非因先有孔子相師之言，然後始有此訓也。凡其言動之間，相與扶持輔佐之者，通謂之相。如舜之相堯，禹之相舜，伊尹相湯，周公相武王，豈皆瞽者之相也？舊說相謂輔相，言其輔相人者，當持其主之傾危，扶其主之顚躓。若其不能，何用彼相？只從此說，豈不本分。」陳氏之說，鞭僻入裏，堪稱達詁。集注、正義均失之。

五五、為東周乎

論語陽貨篇：子曰：「夫召我者，而豈徒哉？如有用我者，吾其爲東周乎？」

此章「東周」句，古注繁駁，舉要如下：

(一)何晏集解：興周道於東方，故曰東周。

(二)皇侃義疏：孔子答子路所以欲往之意也。徒，空也。言夫欲召我者，豈容無事空然而召我乎？必有以也。若必不空然而用我時，則我當爲興周道也。魯在東，周在西，云東周者，欲於魯而興周道，故云吾其爲東周也。一云：周室東遷洛邑，故曰東周。

(三)朱子集注：豈徒哉，言必用我也。爲東周，言興周道於東方。

(四)孫奕示兒編：吾其爲東周乎？乎，反辭也。言如有用我者，則必興起西周之盛，而肯復爲東周之衰乎？

(五)楊愼升菴全集：明道先生曰：吾其爲東周乎句，蓋孔子必行王道，東周衰亂，所不肯爲也。亦非革命之謂也。伊川先生曰：東周之亂，無君臣上下。孔子曰：如有用我者，吾其爲東周乎？言不爲東周也。二程之言如此。

(六)翟灝考異：孔子設言此時，在敬王居成周後，故云爲東周乎？爲字實當作去聲，讀如述而篇爲衛君之爲。猶言助也。夫子云豈徒哉？言不徒制弗擾，如有用我，則將助周室申明君臣上下大義，即季氏輩並正之矣。集解集注皆云興周道於東方，意未嘗不含此。而欠昭明。後此小儒乃謂子欲因魯爲東周，或且謂因弗擾爲東周，殊乖謬甚！

按：上舉古注，以孫奕、楊愼、翟灝之說爲優，集解、皇疏、集注皆失之。蓋東周應指衰周，吾其爲東周乎？「其」猶「豈」也。左僖五年：「一之謂甚，其可再乎？」其猶豈也，可證。吾豈爲東周乎？即言不肯爲衰周也。

五六、雖小道必有可觀者

論語子張篇：子夏曰：「雖小道，必有可觀者焉。致遠恐泥，是以君子不爲也。」

此章「小道」一辭，古注如下：

(一)何晏集解：小道，謂異端也。包曰：「泥，難不通也。」

(二)後漢蔡邕傳注引鄭注：小道如今諸子書也。

㈢朱子集注：小道，如農圃醫卜之屬。泥，不通也。楊氏曰：「百家衆技，猶耳目口鼻，皆有所用而不能相通。非無可觀也，致遠則泥矣，故君子不為也。」

㈣劉寶楠正義引藝文志：「小說家者流，蓋出於稗官，街談巷語，道聽塗說者之所造也。」孔子曰：「雖小道，必有可觀者焉。致遠恐泥，是以君子弗為也。」然亦弗滅也。閭里小知者之所及，亦使綴而不忘，如或一言可采，此亦芻蕘狂夫之議也。」又引後漢書蔡邕傳上封書事曰：「夫書畫辭賦，才之小者。匡國理政，未有其能。昔孝宣會諸儒於石渠，章帝集學士於白虎，通經釋義，事其優大。文武之道，所宜從之。若乃小能小善，雖有可觀，孔子以為致遠則泥，君子故當志其大者。」據此，則小道為諸子書，本漢人舊義，故鄭注同之。

按：此章爭議之處，即在「小道」二字。何謂「小道」？集解謂「異端也」；鄭注謂「諸子書也。」劉氏正義引漢書藝文志指「小說家者流。」又引蔡邕傳上封書事謂「書畫辭賦。」以上諸說或是或近是，皆毋庸多論。唯獨朱子集注謂「小道，如農圃醫卜之屬。」最為可議。蓋農圃醫卜為當時民生不可或缺之族群，沿至今日，除「卜」之外，農圃醫亦極重要。焉可謂「小道」哉？

李中孚四書反身錄曰：「小道，集注謂農圃醫卜之屬，似未盡然。夫農圃所以養生，醫以寄生死，卜以決嫌疑猶豫，未可目爲小道，亦且不可言觀。在當時不知果何所指，在今日詩文字畫皆是也。」（淳按：此說與蔡邕之見同）。

又陳天祥四書辨疑曰：「君子不爲也之一語，此甚有疾惡小道之意。必是有害聖人正道，故正人君子絕之而不爲也。農圃醫卜，皆古今天下之所常用，不可無者，君子未嘗疾惡也。況農又人人賴以爲生，其尤不容惡之也。古人之於農也，或在下而以身自爲，或居上而率民爲之。舜耕於歷山，伊尹耕於莘野，后稷播時百穀，公劉教民耕稼，未聞君子不爲也。又農圃醫卜亦未嘗見其致遠則泥也。蓋小道者，如今之所傳諸子百家功利之說，皆其類也。取其近效，固亦有可觀者，期欲致遠，則泥而不通。雖有暫成，不久而壞。是故君子惡而不爲也。農圃醫卜不在此數。」

李陳二家駁朱之說，義正理直，當從之。

（以上十六章，因本書急欲出版，未及等待投稿發表，特此附記。）

附徵引書目

論語類

論語鄭氏注　鄭　玄
論語集解　何　晏
論語義疏　皇　侃
論語注疏　邢　昺
論語集注　朱　熹
論語筆解　韓　愈　李　翺
論語解　蘇　軾
論語解　阮　元
論語解　呂大臨
論語稽　宦懋庸

論語集注述要　鄭　浩
論語訓　王闓運
論語集釋　程樹德
論語孔氏訓解　孔安國
論語注　劉　歆
論語包氏章句　包　咸
論語馬氏訓說　馬　融
論語釋疑　王　弼
論語體略　郭　象
論語李氏集注　李　充
論語孫氏集注　孫　綽
論語江氏集注　江　熙
論語會箋　竹添光鴻
論語述何　劉逢祿

論語正義　劉寶楠

論語集說　蔡　節

論語發微　宋翔鳳

論語注　康有為

論語後案　黃式三

論語後略　錢　坫

論語周氏章句　周　氏

論語補疏　焦　循

論語竢質　江　聲

南軒論語解　張　栻

論語意原　鄭汝諧

論語拾遺　蘇　轍

論語說　范祖禹

論語說　呂祖謙

論語說　張　載
論語釋言　葉夢得
論語集疏　蔡　模
論語集注考證　金履祥
論語義府　王肯堂
論語稽求篇　毛奇齡
論語解義　凌鳴喈
論語補注　戴　震
論語補注　戴　望
論語說　吳嘉賓
論語溫故錄　包愼言
論語箚記　李光地
論語小言　兪　樾
（以上論語類凡五十一種）

四書類

四書集注　朱　熹
讀四書叢說　許　謙
四書辨疑　陳天祥
四書反身錄　李中孚
四書賸言　毛奇齡
四書改錯　毛奇齡
四書釋地　閻若璩
四書釋地辨證　宋翔鳳
四書困勉錄　陸隴其
四書典故辨正　周柄中
四書溫故錄　趙　佑
四書纂言　宋翔鳳
四書質疑　陳　梓

（以上四書類凡十三種）

經總類

五經異義 許 慎

鄭志 鄭 玄

經典釋文 陸德明

程子經說 程 頤

經傳釋詞 王引之

經義述聞 王引之

經史問答 全祖望

群經平議 俞 樾

群經識小 李 惇

經傳小記 劉台拱

經問 毛奇齡

經義知新記 汪 中

讀書雜志　王念孫

過庭錄　宋翔鳳

惜抱軒經說　姚　鼐

（以上經總類凡十五種）

專經類

周易述　惠　棟

古文尚書疏證　閻若璩

古文尚書撰異　段玉裁

朱子詩集注　朱　熹

春秋名字解詁　王引之

春秋繁露　董仲舒

孟子正義　焦　循

孟子字義疏證　戴　震

孟子題辭　趙　岐

群書治要　魏　徵
群經義證　武　億
詩經集傳　朱　熹
周易學　姚配中
孝經　十三經注疏
公羊傳注　何　休
春秋左氏傳　左丘明
尚書大傳　伏　勝
書經集傳　粹芬閣藏書本
（以上專經類凡十八種）

說文及字書類

說文解字　許　慎
說文段注　段玉裁
匡謬正俗　顏師古

廣雅疏證　王念孫

廣韻　陸法言

類篇　司馬光

（以上說文及字書類凡六種）

類書及目錄類

北堂書鈔　虞世南

藝文類聚　歐陽詢

玉海　王應麟

書目答問　張之洞

（以上類書及目錄類凡四種）

歷史類

史記　司馬遷

史記集解　裴駰

史記志疑　梁玉繩

漢書　班　固
漢書藝文志考證　王應麟
三國志　同文書局石印本
隋書經籍志考證　章宗源
舊唐書　同文書局石印本
新唐書　同　上
國語　士禮居仿宋刻本
戰國策　同　上
竹書紀年　漢魏叢書本
吳越春秋　同　上
資治通鑑　司馬光
文獻通考　馬端臨
（以上歷史類凡十五種）

諸子及筆記類

管子　管仲　學津本

老子　老聃　聚珍本

曾子　皇清經解本

墨子　浙江書局本

荀子　同上

莊子　同上

韓非子　浙江書局本

呂氏春秋　經訓堂本

賈子新書　賈誼

白虎通　班固

說苑　劉向

新序　劉向

淮南子　漢魏叢書本

法言　揚雄

潛夫論　王　符
風俗通　應　劭
論衡　王　充
中論　魏徐幹
抱朴子　葛　洪
世說新語　劉義慶
顏氏家訓　顏之推
夢溪筆談　沈　括
容齋隨筆　洪　邁
示兒編　孫　弈
家範　司馬光
游宦紀聞　張世南
習學記言　葉　適
朱子語類　朱　熹

黃氏日鈔　黃　震
困學紀聞集證　萬希槐
本草綱目　李時珍
傳習錄　王守仁
筆塵　王肯堂
日知錄　顧炎武
日知錄集釋　黃汝成
明儒學案　黃宗羲
東塾讀書記　陳　澧
樸學齋札記　宋翔鳳
陔餘叢考　趙　翼
潛丘劄記　閻若璩
潛研堂答問　錢大昕
十駕齋養新錄　錢大昕

困學錄　張伯行
曲園雜纂　俞　樾
春在堂隨筆　俞　樾
古今僞書及其時代　梁啓超
（以上諸子及筆記類凡四十六種）

文集類

楚詞　王逸章句
文選　梁昭明太子
文選李善注　胡克家仿宋本
唐文粹　宋、姚鉉
韓昌黎文集　韓　愈
司馬文正集　司馬光
范文正公文集　范仲淹
東坡文集　蘇　軾

二程全書　程　灝、程　頤
程子遺書　程　頤
王文成全集　王守仁
升菴全集　楊　愼
東原集　戴　震
問字堂集　孫星衍
曝書亭集　朱彝尊
經韻樓集　段玉裁
東壁遺書　崔　述
小山倉房文集　袁　枚
（以上文集類凡十八種）